道元『正法眼蔵』を読む

角田泰隆

角川文庫
24009

はじめに

道元禅師が著した『正法眼蔵』は、非常に難解な書物であり、その難解さに知的関心をもつ人も多いようです。また、道元禅師は厳格であり、その厳格さに惹かれるという人もいるかもしれません。

しかし、この本は〝難しい正法眼蔵〟〝厳格な道元禅師〟というイメージを少しやわらげていただけるものになるのではないかと思っております。

私は昭和三十二年（一九五七）二月十五日、長野県の南、中央アルプスと南アルプスに東西を挟まれ、南北に天竜川が流れる伊那谷にある常圓寺という曹洞宗の禅寺に生を受けました。その後、私は寺の後継者として育てられ、必然的に曹洞宗に淵源をもつ駒澤大学で学ぶこととなりました。

私が『正法眼蔵』に出会ったのは、駒澤大学に入学してからのことです。駒澤大学には酒井得元教授がおられました。教授というよりも禅僧でした。私の父が薫陶を受けた澤木興道老師の高弟で、この方に私は『正法眼蔵』を学ぶこととなりました。

大学に入って仏教の勉強を始めた時には、仏教は実に合理的で科学的な教えだと感じ、不遜にも「仏教はわかりやすい」とさえ思いました。それまで、仏教というのは頑張って信仰しなければならないものだと思っていましたが、大学で学ぶ仏教は違っていました。〝必要〟〝不必要〟とか、〝関係がある〟〝関係がない〟とか、〝信じる〟〝信じない〟とか、そういうレベルを超えた事実（真実）を説くものであると感じました。そして、このような仏教であれば、自信をもって人に語ることができると思ってからは、実に意欲的に仏教を学んだものです。

たとえば、あらゆる物事には原因がありそれに条件が加わって結果が生じていくという「縁起説」や、あらゆる人生問題としっかり向き合い当面する問題の原因を突き止めそれを取り除くことによって問題を解決していく「四諦説」や、自分の心（識）が環境世界を造り出しているとする「唯識説」など、仏教の基礎的な教えは実に合理的であり、難解なものとは思いませんでした。しかし、道元禅師の『正法眼蔵』に接した時には驚愕したことをよく覚えています。読んでも何を言っているのかほとんどわかりませんでした。酒井教授による『正法眼蔵』の講義も学生の私にはほとんどわかりませんでした。

酒井教授は非常に厳格な方で、恐ろしくてとても質問などできない雰囲気の先生でしたが、あまりにもわからないものですから、真面目な学生であった私は勇気を出して授業の後、尋ねたことがあります。案の定「お前らに『正法眼蔵』がわかってたまるか」と一喝されました。まったく今では考えられない返答です。しかし振り返ってみれば、〝俺にもわからないのだから、お前たち学生にわかってたまるか〟ということだったのではないかと思います。今、大学で私が『正法眼蔵』を教える立場となってみて、それがよくわかります。

『正法眼蔵』は実に難しい書物です。おそらく、読者の中には『正法眼蔵』の解読に挑戦した人もいるでしょう。たいがいの人は挫折します。「原文」を読もうと一見して、敬遠する人もいるに違いありません。それでも読んでみようと、いくつか出版されている「現代語訳」を手に取ってみても、現代語訳ですらよくわからないというのが『正法眼蔵』です。しかし私は、よくわからない『正法眼蔵』を「わかりたい」と思い、もうかれこれ四十年以上、親しんできました。そして今でも、よくわからない部分が多々あります。

そんな私ですが、これまで学んできた中で、『正法眼蔵』の比較的わかりやすい部分を取り上げて、道元禅師の特徴的な、そして魅力的な教えに触れていただきたいと思います。

本書では、難解な『正法眼蔵』を学術的に詳細に学ぶというよりも、道元禅師が『正法眼蔵』を書き示して伝えたかったことを、私を通じてみなさんにお伝えいたします。気軽に学んでください。そして、このご縁をきっかけに、みなさん自身が『正法眼蔵』そのものに挑戦していただければと思っております。かつて挫折した方も、もう一度『正法眼蔵』に向き合っていただければと思います。そんな願いをもって、本書を書かせていただきました。

角田泰隆(つのだたいりゅう)

目次

凡例

・『正法眼蔵』からの引用は、「本山版訂補『正法眼蔵』」（二〇一九年八月、大法輪閣）により、旧字体を新字体に改め、その頁数のみを記す。
・『学道用心集』からの引用は『原文対照現代語訳道元禅師全集』（第十四巻、春秋社）により、頁数のみを記す。

第一章　『正法眼蔵』とは何か

『正法眼蔵』は、鎌倉仏教の祖師の一人である道元禅師（一二〇〇～一二五三、以下、道元）の代表的著作です。

道元は日本曹洞宗の両祖[1]の一人であり、曹洞宗では高祖承陽大師[2]と尊崇されています。

まずは道元の伝記について、簡単にお話しします。

正治二年（一二〇〇）一月二日（陽暦一月二十六日）、京都に生まれました。父は村上源氏の流れを汲む久我通具[3]（一説に通具の父通親）、母は不詳ですが、摂関家[4]の要職にして宮中に重んじられた藤原（松殿）基房の息女と伝えられています。

1 両祖　**もう一人は瑩山紹瑾**（一二六四～一三二五）。瑩山禅師は八歳で永平寺に入り、二世懐奘のもとで得度。諸国行脚ののち能登に總持寺を開いた。密教儀礼や民間信仰を取り入れ、曹洞宗を発展させた。曹洞宗では道元を高祖、瑩山を太祖と呼ぶ。　**2 承陽大師**　道元の諡号（貴人や僧侶の生前の徳行を讃え死後に贈られる称号）。明治天皇より下賜された。

四歳の時、中国初唐期の詩人李嶠[5]の詩を集めた『李嶠百詠（雑詠）』を読み、七歳の時、『毛詩』[6]（「詩経」）や『春秋左氏伝』[7]（「春秋」の解説書）を読んだとされます。当時の朝廷での英才教育を受けたということになりますが、とりわけ聡明であった、と伝記に記されています。

八歳の時、母が亡くなり、世の中の無常を観じ、深い悲しみの中で、仏の教えにひかれ、九歳の時には仏教の基本的教学書ともいわれる『倶舎論』[8]を読んだとされます。そして十三歳の時、出家を志します。その理由は定かではありません。道元自身の信心からだとは思いますが、母が臨終にあたって我が子の行く末を案じ、朝廷や幕府の権力抗争から逃れ安穏に生きてほしいという哀願があったものとも言われています。

十三歳の時に比叡山[9]に登った道元は、翌年天台座主公円[10]に就いて出家し、六年間、比叡山で仏教の基本を学びながら修行しました。当時の比叡山は、仏教の総合大学のような存在でした。今風に言えば、寮で厳しい規則のもとで修行生活を送りながら仏教学を習ったということになります。

道元は比叡山での修学時代に「本来本法性、天然自性身」（本来みな仏の心を具え、生まれながらに仏の身をもっている）という教えに出会ったとされます。しかしそこで疑問を持ちます。

「ほんらい仏であるならば、なぜ、さらに仏となることを願い、厳しい修行を積む必要があるのだろうか」（『行状記[11]』）と。

これに答えることは、簡単そうで、実は仏の道の核心をついた難解な疑問でしたので、当時の比叡山の指導者は、その答えを当時中国より伝来されていた禅の教えに求めたらどうだろうかと勧めたと言われます。

3 久我通具（一一七一～一二二七）　村上源氏の一流である土御門家の公卿。内大臣通親の次男。父通親とともに歌人としても知られる。**4 摂関家**　摂政・関白に任ぜられる家柄のこと。初め藤原北家に世襲されたが、のち五摂家に分かれた。**5 李嶠**（六四五～七一四頃）　中国、初唐期の詩人。高宗から玄宗まで朝廷に仕え、ほか三人とともに「文章の四友」と称される。『李嶠百詠』は早くから日本に伝わり愛読された。**6 『毛詩』**　『詩経』の別名。『詩経』は五経の一つで中国最古の詩集。漢の毛亨、毛萇が伝えたため『毛詩』とも呼ばれる。**7 『春秋左氏伝』**　『春秋』は五経の一つで、孔子が魯国の歴史を編年体で記録したもの。注釈書は、左氏、穀梁、公羊の三伝があり、左氏伝が最も有名。**8 『倶舎論』**　詳しくは『阿毘達磨倶舎論』。四～五世紀頃、インドのヴァスバンドゥ（世親、第4章注6参照）によって書かれた部派仏教の教理（アビダルマ）をまとめたもの。倶舎は「容器」を意味する。玄奘の漢訳がある。**9 比叡山**　比叡山延暦寺のこと。最澄（七六七～八二二）が開いた天台宗の総本山。九九三年に山門（延暦寺）と寺門（園城寺）に分かれた。**10 公円**（一一六八～一二三五）　三条実房の子。師慈円のあと天台座主となる。**11 『行状記』**　詳しくは『越州吉祥山永平開闢道元和尚大禅師行状記』で、門人によって書かれた道元の伝記。

中国（宋）に渡り曹洞宗の禅を伝来

十八歳の秋、臨済宗の禅を日本に伝えていた栄西[12]（一一四一〜一二一五）を京都の建仁寺に訪ねました。その時、栄西から直接教えを受けたかどうかは定かではありませんが、その弟子の明全[13]（一一八四〜一二二五）より禅の教義を学び、二十四歳の時、明全とともに中国、宋[14]の国に渡ります。

中国の諸山[15]（万寿寺・霊隠寺・浄慈寺・阿育王山広利寺など）を歴遊して当代一流の禅師に参じ、ついに天童山景徳寺の如浄[16]（一一六二〜一二二八）に出会います。そしてこの人こそ我が師である、と如浄のもとに入門し、厳しい修行の中で、身心脱落という境界を得ました。

中国の禅宗[17]の中で、如浄の系統は、五家七宗[18]といわれる宗派の中の曹洞宗[19]の系統であり、道元は只ひたすら坐禅を行じるという「只管打坐」を第一の修行とする曹洞宗の如浄の教えを正統的な仏法と確信するに至りました。そして、二十八歳の時に帰国し、帰国後は坐禅を広く伝えることにその生涯を尽くしました。

道元は、自ら伝えた系統の教えを、「禅宗」や「曹洞宗」などと言うことを嫌い、「仏祖正伝の大道」「仏祖正伝の正法眼蔵涅槃妙心」とし、自ら宗派を名乗ることはしませんでした。「禅宗と称するは、あやまりのはなはだしきなり」（『正法眼蔵』「仏道」）

12 栄西（一一四一～一二一五）［ようさい］とも。日本臨済宗の開祖。比叡山で学んだのち、中国・宋で臨済宗黄竜派の禅を修め帰国。京都に建仁寺を建立するが、天台・真言・禅の三宗をあわせた兼修禅であった。著書に『興禅護国論』など。茶を日本に伝えたことでも有名。**13 明全**（一一八四～一二二五）比叡山で学んだのち、建仁寺で栄西に学ぶ。弟子となった道元とともに入宋するが、病を得て客死。道元は明全の遺骨を持って帰国した。**14 宋**　中国の王朝（九六〇～一二七九）。趙宋とも呼ばれる。首都は開封。金に北部を奪われてからを南宋、それ以前を北宋と呼ぶ。五家七宗と呼ばれる禅の宗派があった。『正法眼蔵』では、「大宋国」として記されている。**15 諸山**　禅宗寺院のこと。南宋時代、国が住持を任命する官寺制度が確立された。五山・十刹・諸山（甲刹）の三段階がある。最上位の五山は、径山興聖万寿寺、北山景徳霊隠寺、太白山天童景徳寺、南山浄慈報恩光孝寺、阿育王山広利寺。**16 如浄**（一一六二～一二二八）明州（浙江省）の資聖寺で足庵智鑑に師事し曹洞宗を学ぶ。その後、臨済宗も学ぶ。いくつかの寺を経て一二二四年、天童山景徳寺に住持。**17 禅宗**　禅はディヤーナの音写で、禅定ともいい、瞑想を行う修行法。坐禅修行を基本とする中国禅宗は初祖をインドの達磨（六世紀）、二祖を中国の慧可（四八七～五九三）とする。唐から宋の時代にかけて盛んとなった。**18 五家七宗**　中国禅宗は、五祖弘忍の弟子の代で慧能（六三八～七一三）の南宗禅と神秀（第6章注15参照）の北宗禅に分かれた。北宗禅は衰退し、南宗禅の流派が分裂していった。臨済宗、潙仰宗、曹洞宗、雲門宗、法眼宗を五家、臨済宗から分かれた黄竜派と楊岐派を加えて七宗と呼ぶ。**19 曹洞宗**　南宗禅の流れを汲む洞山良价（八〇七～八六九）とその弟子曹山本寂（八四〇～九〇一）による宗派。洞山、曹山の頭文字をとって曹洞宗の名が付いたとされる。

の巻）と「禅宗」の称を厳しく批判し、同様に「曹洞宗」という称を自称することもよしとしなかったのです。そして帰国後、自ら伝えた仏法を説き示すために、次々と約百巻に及ぶ仮名書きの法語を著述します。これが『正法眼蔵』です。

道元は帰国したその年（嘉禄三年（一二二七））に、坐禅を人々に勧めるため『普勧坐禅儀』[20]を著します。また、その四年後の寛喜三年（一二三一）には『辦道話』[21]を著して、坐禅を仏道修行の正しい門とし、「只管打坐」を説きました。この坐禅のことについては、第六章でお話しいたします。

天福元年（一二三三）、三十四歳の時、京都深草に観音導利院興聖宝林寺（興聖寺[22]）を開創し、多くの僧侶や信者が集まりました。翌年には、後に道元の後を継ぐ懐奘[23]が入門します。道元は興聖寺に坐禅の修行道場を開き、ここを拠点として坐禅の布教を行いますが、栄西の禅につぐ新たな禅の興隆は比叡山や興福寺[24]との軋轢を生じさせることになりました。

越前志比庄に永平寺を開創

道元は比叡山や興福寺との軋轢や権勢との接触を避けるため、波多野出雲守義重[25]の招請と外護を受けて寛元元年（一二四三）七月、波多野氏の所領であった越前国

（現・福井県）志比庄に移ります。この越前の山中への移動は、師の如浄の「直に須く深山幽谷に居して、仏祖の聖胎を長養すべし」（『宝慶記』[26]）という示誨を適えるものでもありました。

越前に移った道元は、如浄のもとで修行した天童山景徳寺に模した本格的な禅の修行道場の建立を意図します。しばらくは吉峰寺という古寺に身を寄せることになりま

20『普勧坐禅儀』　道元が宋から帰国後、京都深草の地で記した。坐禅の具体的な作法とその意義を説き、広く人々に勧めた書。**21『辨道話』**　正伝の仏法は坐禅であるとし、十八の問答の形をとって教え説いた書。江戸時代に発見され、のち『正法眼蔵』に編入された。**22 興聖寺**　京都深草の極楽寺跡に開かれた。全国初の僧侶の修行道場と言われる。道元はここで『正法眼蔵』などの著述を始めた。道元が去って廃絶したが、一六四八年、宇治の地に再興した。**23 懐奘**（一一九八～一二八〇）　比叡山で出家し、その後達磨宗の宗徒となる。一二三四年、道元に入門。常に道元に付き従い、『正法眼蔵』の浄書や編集を行った。のちに永平寺二世となった。**24 興福寺**　奈良市にある法相宗の大本山。南都七大寺の一つ。藤原氏の氏寺として創建され、平城遷都とともに現在の地に移り興福寺となった。藤原北家との関係が深く、勢力を拡大。鎌倉・室町時代は守護に代わって大和国を支配した。**25 波多野出雲守義重**（？～一二五八？）　相模国（現・神奈川県）波多野荘を本領とする武将。承久の乱に際して上洛、道元の説法を聞く。一二四三年、所領の越前志比庄に道元を招き大仏寺を創建。のち永平寺と改称された。**26『宝慶記』**　道元が如浄との問答の内容を記したもの。「宝慶」は南宋の年号。道元の死後、永平寺で発見された。

すが、次第に準備をすすめ、寛元二年（一二四四）には志比庄に大仏寺を開創します。翌年にかけて法堂や僧堂を造営し、寛元四年（一二四六）には大仏寺を永平寺[27]と改称し、ここに本格的な禅の道場が創建されるに至りました。

　この頃、仁治二年（一二四一）から寛元二年（一二四四）にかけて、道元は多くの『正法眼蔵』の巻を書いています。全九十五巻のうち約七十巻ほどがこの四年の間に書かれています。

　また、道元は宝治元年（一二四七）八月より翌年三月までの約半年間、永平寺を離れ鎌倉に赴いています。当時の執権北条時頼の招請によるものとする説や、庇護を受けていた波多野氏が北条氏の一門であったことから、波多野氏の強い要請を受けたためとする説があります。

　鎌倉より永平寺に戻ってからの道元は、専ら坐禅を中心とした修行生活を送りながら、弟子の養成に尽くします。建長四年（一二五二）の秋頃、病となり、翌建長五年七月、永平寺を懐奘にゆずり、波多野氏の懇請にしたがって病気療養のために八月に上洛しますが、同月二十八日、京都高辻西洞院覚念の邸にて世寿五十四歳で亡くなりました。

道元の著作

道元の代表的著作である『正法眼蔵』は、道元が「禅宗」とも「曹洞宗」とも称してはならないとした「仏祖正伝の正法眼蔵涅槃妙心」の仏法を、この語に由来して「正法眼蔵」と題し説き明かした法語を編輯（へんしゅう）したものです。興聖寺開創の年に選述した「現成公案（げんじょうこうあん）」・「摩訶般若波羅蜜（まかはんにゃはらみつ）」の巻を皮切りに、示寂（じじゃく）の年（建長五年〈一二五三〉）に書き示した「八大人覚（はちだいにんがく）」の巻まで、約百巻におよぶ法語を選述・示衆しています。のちにこれらは仮字『正法眼蔵』として道元自身によって、あるいは弟子達によって編集されます。その編集本には七十五巻のもの、六十巻のもの、十二巻のものがあり、また江戸期に選述・示衆年月日順に列次して編集した九十五巻のものなどが存在します。

またほかには、道元が中国から帰国した嘉禄三年（一二二七）に、坐禅を広く人々に勧めるために、坐禅の儀則を中心に撰述した『普勧坐禅儀』、寛喜三年（一二三一）、

27 永平寺　福井県にある曹洞宗大本山。開祖は道元。五世義雲の時には七堂伽藍が完成していたと言われる。現在でも多くの雲水（修行僧）が修行の日々を送る。

正伝の仏法における坐禅の意義を、十八の設問自答を通して開示した『辦道話』、天福二年（一二三四）頃、学人に対して学道（修行）の心得を示した『学道用心集』、嘉禎三年（一二三七）春、興聖寺において典座（禅院で衆僧の食事をつかさどる職位）の心得とその重要性を示した『典座教訓』、中国で如浄に就いて親しく教えを受けた時の記録である『宝慶記』などがあります。[28]

『正法眼蔵』とは何か

『正法眼蔵』とは、道元が正伝の仏法を説き明かした約百巻におよぶ法語です。道元といえば坐禅、只管（祇管）打坐が、その教えの特徴としてよく知られていますが、実は先述のように非常に多くの著作（言葉）を残しています。その中心的著作が『正法眼蔵』なのです。

道元の教えが「只管打坐」、つまり〝ただ坐る〟だけでよいのであれば、坐禅の儀則に関する書だけを著して人々に坐禅を勧め、弟子とともに坐禅をして一生を過ごせばよかったはずです。

ではなぜ、道元は多くの著作を遺したのでしょうか。それはやはり〝正法（正伝の仏法）を明らかにすること〟にあったに違いないのですが、正法を弟子や信者に伝えるということのみならず、後世の私たちにも伝えることを意図していたのではないのでしょうか。そしてその思いをしっかりと受け止めた懐奘をはじめとする弟子たちが、その報恩行[29]に挺身した賜であると思われるのです。

話を戻しますが、道元が『普勧坐禅儀』や『辦道話』をはじめ『正法眼蔵』の多くの巻々を撰述した理由について、その手がかりが『辦道話』の中に示されています。道元は如浄のもとで身心脱落して帰朝しますが、「弘法救生」[30]の誓願をもちながらも、その実践にあたっては「なほ重担をかたにおけるがごとし」と心中を述懐しています。

> しかあるに、弘通のこころを放下せん激揚のときをまつゆゑに、しばらく雲遊萍寄[31]して、まさに先哲の風をきこえんとす。ただし、おのづから名利にかかはらず、道念をさきとせん真実の参学あらんか、いたづらに邪師にまどはされて、みだりに正解をおほひ、むなしく自狂にゑふて、ひさしく迷郷にしづまん。なにより

28 そのほか、道元の語録を弟子たちが編集した『永平広録』、嘉禎年間（一二三五～一二三八）に日常からその門下の僧に示した教えを弟子の懐奘が筆録し編集した『正法眼蔵随聞記』（全六巻）などがある。　**29 報恩行**　師僧の恩に報いるため行を積むこと。　**30 弘法救生**　正伝の仏法（である坐禅）を弘（広）め、衆生を救うこと。　**31 雲遊萍寄**　萍は浮き草の意。雲のように流れ浮き草のように寄る。一所不在の生活を言う。

てか般若の正種を長じ、得道の時をえん。貧道は、いま雲遊萍寄をこととすれば、いづれの山川をか、とぶらはん。これをあはれむゆゑに、まのあたり大宋国にして禅林の風規を見聞し、知識の玄旨を稟持せしを、しるしあつめて、参学閑道の人にのこして、仏家の正法をしらしめんとす。これ真訣ならんかも。

（『辨道話』、一一〇一～一一〇二頁）

中国から帰国した道元は、正伝の仏法を広めようという誓願をいざ実践する（放下する）激揚のときを待とうと考えていたことになりますが、そこで、しばらくの間は雲水[32]のごとく山河を遊行して、先哲が行った行持（「行持」の巻で示されるような仏祖[33]の行持）を自らも実践しようと考えていたと思われます。しかし、そこでさらに思いをめぐらします。〝名利に関わることなく、真の仏道を求めることを第一としている本当の求道者がもしかするといるかもしれない。そのような求道者が、もし、いたずらに邪師にまどわされて、正しい見解を見失い、自ら迷いに迷いを重ねて、迷いの世界に沈んでしまっていたとしたら、いったい、どうやって智慧の正しい種を養って、得道する時を得ることができようか〟と。〝もし今、山河を遊行することにして、いずれかの山河を訪ねれば、そのような求道者を導くことができるのか。いずれの山河を訪ねたらよいものか〟〝これからいったい私はどこへ行こうか〟〝そこで出会った人には伝えることができる〃〃では出会えなかった人はどうなるのか〃と。

たしかに、道元禅師が訪れた地の人々は教化できるかも知れません、しかしそれには限りがあります。そのような思いの中で、道元は限られた地を「雲遊萍寄」することよりも、正伝の仏法を言葉に記して、当時の迷える人だけでなく、未来の私たちをも救う道を選んだのではないかと私には思われます。「まのあたり大宋国にして禅林の風規を見聞し、知識の玄旨を稟持せしを、しるしあつめて、参学閑道の人にのこして、仏家の正法をしらしめんとす」(中国の宋に渡り、実際に禅寺の様子を見聞し、禅の指導者たちから教えられた奥深い教えを書き記してまとめて、参禅学道を志す人に遺して、仏教の正しい教えを知らせたいと思う)というのは、決して『辦道話』のみに限ったことではなく、『正法眼蔵』も含まれているはずですし、後世の私たちもその対象に含まれているものと思われます。

32 雲水　禅の修行僧のこと。「行雲流水(行く雲や水の流れ)」のように居所を定めず、師を訪ねて諸国を行脚するところから言う。**33 仏祖**　仏陀と祖師。過去七仏(毘婆尸(びばし)仏から釈迦牟尼仏までの七仏)と、歴代の祖師を言う。

正法を言葉として遺す

さてここまで、なぜ道元は『正法眼蔵』をはじめ幾多の著作を遺し、頻繁に上堂（説法）するというように、かくも多くを語ったのかについて、正伝の仏法を弟子たちに、そして後代の我々に伝えたかったからであろうということをお話ししました。もし弟子たちに伝えるためだけであるならば、語りかけることによって伝え、自ら共に行ずることによって伝えることができます。弟子たちの側から言えば、道元という人格に接することによって、そこから多くのものを会得できます。しかし、後世に伝えるためには、人格から人格への伝承がもし断絶することがあれば、遺され得るのは言葉のみです。「言葉」のみによって正伝の仏法を正しく伝えることは実に困難なことであり、言葉にはやはり限界があると言えます。しかし道元はそれを敢えて試みたのではないか、それが『正法眼蔵』であると私は考えています。

『正法眼蔵』は弟子たちに対して示す（示衆）というかたちをとっています。道元が後代までこれを遺すことを考えていたことは間違いありません。そうでなければ、その『正法眼蔵』を何度も再治する（書き直す）ことはなかったでありましょうし、その書写を懐奘の求めに応じて許す（或いは道元が書写を指示する）こともなかったはずだと私は思うのです。

『正法眼蔵』という書名の由来

次に『正法眼蔵』という書名の由来ですが、『正法眼蔵』「仏道」の巻に、

釈迦牟尼仏の、迦葉仏に参学しましますがごとく、師資ともに于今有在なり。このゆゑに、正法眼蔵まのあたり嫡嫡相承[34]しきたれり。仏祖の正命、ただこの正伝のみなり。（五八一～五八二頁）

〈釈迦牟尼仏が迦葉仏に学ばれたように、師から弟子へと代々教えが伝承され今に至っている。だから「正法眼蔵」が師から弟子へと真っ直ぐに伝わってきたのである。仏祖の正しい教えは、この正伝の仏法だけである。〉

34　嫡嫡相承　仏法の伝承が師から弟子へと正しく行われること。師資相承とも。禅宗では特に重要視される。

とありますように、仏祖がまのあたり嫡嫡相承してきた正伝の仏法が「正法眼蔵」であるというのです。また同じ「仏道」の巻において、その正伝の仏法を「禅宗」と称することへの批判の中で、

> 仏祖正伝の正法眼蔵涅槃妙心、みだりにこれを禅宗と称す、祖師を禅師と称す、学者を禅子と号す、(中略)これみな僻見を根本とせる枝葉なり。西天東地、従古至今、いまだ禅宗の称あらざるを、みだりに自称するは、仏道をやぶる魔なり。
>
> (五八二頁)
>
> 〈仏祖が正しく伝えてきた「正法眼蔵涅槃妙心」を、むやみに「禅宗」と称し、祖師を「禅師」と称し、学者を「禅子」と言っている。(中略)これはみな偏った考えにもとづいた枝葉である。インドにも中国にも、昔から今に至るまで、いまだ「禅宗」という呼び名はないのに、むやみに自称するのは、仏の道を破る魔物である。〉

と示される「仏祖正伝の正法眼蔵涅槃妙心」が『正法眼蔵』の書名の由来であることは間違いないと思われます。

「正法眼蔵涅槃妙心」——言葉で言い表すことのできない教え

さて、道元は「正伝の仏法」を「禅宗」と呼称することを嫌うのですが、一般的な禅の伝灯（伝燈）[35]では、中国禅宗の初祖とされる菩提達磨[36]がインドから中国にやってきてから、中国における禅の歴史がはじまったとします。そして、中国の禅者は、釈尊から菩提達磨へと連なる、禅の精神にもとづく新たな伝灯を作りあげました。『宝林伝』[37]（八〇一年）をはじめ、『祖堂集』[38]（九五二年）、『景徳伝燈録』[39]（一〇〇四年）、『天聖広燈録』[40]（一〇二九年）、『宗門聯燈会要』[41]（一一八九年）など、禅宗の伝灯の書（燈

35 伝灯（伝燈） 仏陀釈尊の教え（仏法）を灯に喩え、仏法が師から弟子へと代々伝わってきたこと。またその法系（仏法が伝わってきた系譜）をいう。 **36 菩提達磨** 中国禅宗の初祖。南インド国のバラモンの家柄という。五二〇年頃中国に来たとされる。嵩山少林寺で九年間面壁（壁に向かう坐禅）をし、法を二祖慧可に伝えた。 **37 『宝林伝』** 中国唐代の禅宗史書。詳しくは『大唐韶州双峰山曹侯渓宝林伝』。全十巻のうち七巻が現存する。六祖慧能に至る禅の伝灯を説く。 **38 『祖堂集』** 中国五代南唐代の禅宗史書。泉州招慶寺の浄修禅師文僜のもと、静・筠二禅僧によって編纂された。『宝林伝』を受け継ぎ、文僜に至る二百三十四人の名を示し禅の伝灯相承を記す。また、多くの古則公案が見られる。 **39 『景徳伝燈録』** 中国北宋代、永安道原によって編纂された代表的な禅宗史書。中国禅宗の伝灯相承の大成。

史）が次々と成立・刊行されました。

たとえば、釈尊から、弟子の摩訶迦葉[42]（迦葉尊者）への法の伝達については、『正法眼蔵』「面授」の巻に次のような話が記されています。これは『天聖広燈録』の記述をもとに道元が多少文言を変えて示したものと思われます。

> 爾時、釈迦牟尼仏、西天竺国霊山会上、百万衆中、拈優曇華瞬目。於時摩訶迦葉尊者、破顔微笑。釈迦牟尼仏言、吾有正法眼蔵涅槃妙心、附属摩訶迦葉。（六八八頁）
>
> その時に、釈迦牟尼仏、西天竺国の霊山会上、百万の衆中に、優曇華[43]を拈じて瞬目す。時に摩訶迦葉尊者、破顔微笑す。釈迦牟尼仏言く、「吾れに正法眼蔵涅槃妙心あり、摩訶迦葉に附属す」と。

霊山というのは霊鷲山のことで、釈尊がよく説法したとされる場所です。あるとき釈尊は霊鷲山で大衆の前に姿を現しました。日頃は皆の前に立たれると説法をされるのですが、この時、釈尊は優曇華を手に持っておられて、何も説法せずに、この花をつまみ上げて瞬目されます。皆はただ呆然とするだけでしたが、その中でただ一人、摩訶迦葉尊者だけが破顔微笑（にっこりと微笑むこと）されたのです。釈尊はそれを見て言いました、「正法眼蔵涅槃妙心を摩訶迦葉に授けた」と。

この話は、「拈華微笑の話」と言われますが、釈尊から摩訶迦葉に仏法が伝わり、摩訶迦葉が釈尊の後継者になった話とされます。この日、釈尊はそろそろ自分の後継者を定めなければならないと、優曇華を持って皆の前に現れて、何も語ることをせず優曇華を掲げて、言葉では言い表すことのできない大切な教えを示されたとされます。それを受け止めてくれる者がいたら、その者を後継者にしようと考えていたのです。そして、皆の中でただ一人、その言葉では言い表すことのできない教えを、しっかりと受け止められたのが摩訶迦葉であったわけです。

これまで釈尊は、多くの説法をされてきました。そして全ての人に分け隔てなく平等に説法されてきたわけですが、それでも、言葉では言い尽くすことのできない大切な教えがあったと、禅宗では受け止めています。その教えが伝わった瞬間を語ったの

40『天聖広燈録』　中国北宋代の禅宗史書。『景徳伝燈録』を受け継ぎ、増補する。**41『宗門聯燈会要』**　中国南宋代の禅宗史書。泉州崇福寺の晦翁悟明の編纂。過去七仏より六百余人の祖師の公案を載せる。公案が主で史伝は少ない。**42 摩訶迦葉**　釈尊十大弟子の一人。バラモンの家柄。教団の最長老で釈尊の滅後、最初の結集（仏典編纂）の中心となった。清貧の修行を続け「頭陀第一」と呼ばれた。禅宗では西天二十八祖の初祖とされる。**43 優曇華**　インドの伝説では三千年に一度しか咲かないとされる花で、この花の咲く時、如来や天輪聖王が出現するといわれる。

が、この「拈華微笑の話」です。釈尊は、にっこりと微笑んだ摩訶迦葉に「正法眼蔵涅槃妙心を附属す」と語っています。附属とは〝何か〟を授けることを言います。その〝何か〟とは「正法眼蔵涅槃妙心」です。

「正法眼蔵涅槃妙心」とは、言葉によって言い表すことのできない教えを仮に言葉で表現したもので、実はこの言葉は、言葉で解釈することはできない、言葉で解釈すべきではない、ということにもなります。もしこの言葉を解釈するなら、「正しい教えが明らかに具わっている涅槃（究極のさとり）の妙なる心」とでも言えましょうか。

この「正法眼蔵涅槃妙心」を略した言葉が「正法眼蔵」です。道元は、言葉では言い表すことのできない教えを、「正法眼蔵」という総題のもとに、言葉によって説き示そうとしたということになります。

禅宗では、言葉によらず、釈尊から摩訶迦葉に伝えられた教えを「教外別伝（きょうげべつでん）」と言います。言葉（文字）で示された教典とは別に伝えられた教えであるとしています。また「以心伝心（いしんでんしん）」とも言います。言葉によってではなく、心から心へ伝わったとするのです。

さて、この「教外別伝」「以心伝心」によって仏法が伝わったという話をもう一つ挙げてみましょう。それは、釈尊から法を受け継いだ摩訶迦葉尊者が、その弟子の阿（あ）

難陀[44]尊者に法を伝えた話です。

　二祖阿難尊者、問㆓迦葉尊者㆒云、師兄伝㆓仏金襴袈裟㆒外、別伝㆓箇什麼㆒。迦葉召云、阿難。阿難応諾。迦葉云、倒㆓却門前刹竿㆒著。阿難大悟。

　二祖阿難尊者、迦葉尊者に問うて云く、「師兄[45]、仏の金襴の袈裟を伝うるの外、別に箇の什麼をか伝うる。」迦葉、召して云く、「阿難。」阿難、応諾す。迦葉云く、「門前の刹竿[46]を倒却せよ。」阿難大悟す。

（真字『正法眼蔵』巻中、春秋社刊『道元禅師全集』巻五、二一二～二一三頁）

釈尊の教えを継承した摩訶迦葉尊者（以下、迦葉）を第一祖と数えますので、その法を継承した阿難陀尊者（以下、阿難）は二祖ということになります。その阿難が師

44 阿難陀　釈迦十大弟子の一人。シャカ族の出で釈尊の従兄弟とも言われる。長く釈尊の身辺に仕え説法を聞いたため「多聞第一」と呼ばれた。迦葉を支え、教典の編集に携わった。　**45 師兄**　迦葉と阿難はともに釈尊の弟子で兄弟弟子になる。よって阿難は兄弟弟子である迦葉を「師兄」と呼んでいる。　**46 刹竿**　寺の門前や仏堂の前に立てられる、先端に焔形の宝珠を付けた長い竿。

匠の迦葉に質問します。「釈尊からお袈裟を伝受したほかに、いったい何を伝受したのですか?」と。

釈尊から迦葉に「教外別伝」「以心伝心」された教えとは何か、ということです。言葉によってではなく伝えられた「正法眼蔵涅槃妙心」とは何かを質問したものです。すると迦葉は、「阿難!」と呼び寄せます。阿難が「はい!」と返事をすると、迦葉は言います、「門前の刹竿を倒してきなさい」と。

門前の刹竿とは、この寺(精舎)の門前に立てる旗竿です。この旗竿が門前に立っていますと、この寺で説法をしている、教えを説いているという印になります。それを倒すということは、もう説法はしないということです。つまり迦葉は、〝阿難に法を伝えたので、私はもう説法する必要はない〟〝後継者ができたので、これからは阿難に任せる〟と考えたということでしょうか。

迦葉が「阿難!」と呼び、阿難が「はい!」と答えた。その時に「正法眼蔵涅槃妙心」が伝わった、というのです。なにやら理解に苦しむ話ですが、これも「教外別伝」「以心伝心」を示しています。

このようにして、代々、言葉によっては伝えることができない教えが、師から弟子へと伝えられてきたというのが、禅の伝灯です。

言葉で示すことの難しい仏法を説き明かす

言葉によって言い表すことのできない「正法眼蔵涅槃妙心」を、言葉によって説き明かそうとしたのが、「正法眼蔵」の箇箇の法語であり、それらを編集したものが『正法眼蔵』である、ということになります。

この『正法眼蔵』はいったい誰が編集したのか。代表的な古写本は、六十巻本、七十五巻本、十二巻本、二十八巻本ですが、それぞれ考えられる編集者としては、六十巻本が道元あるいはその弟子の懐奘、あるいは永平寺五世の義雲(ぎうん)[47]、七十五巻本が道元あるいは懐奘、十二巻本は道元ということになります。二十八巻本は不明です。そして江戸期には、『正法眼蔵』の巻々を撰述年月日順に並べて編集した九十五巻本が編集されています。

道元は、言葉によって言い表すことのできない教えを言葉によって示そうとした希(まれ)

47 **義雲**（一二五三〜一三三三）　京都生まれ。越前大野（現・福井県大野市）の宝慶寺開山寂円のもとで二十年修行し、法を嗣(つ)いで二世となる。一三一四年、波多野通貞に招かれて永平寺に住持、伽藍復興などに尽くし中興の祖と呼ばれる。『義雲和尚語録』がある。

な仏祖であり、そうして示された『正法眼蔵』は希な文献ということになります。

常識的な言語表現が用いられていないことから、『正法眼蔵』が難しいといわれる所以（ゆえん）もそこにあります。

本書では、『正法眼蔵』の巻々を読んでいきますが、私にも読解不可能な部分がたくさんありますので、私がわかる範囲の、比較的わかりやすい部分を読んでいくしかありません。しかし、その中でも、『正法眼蔵』の未知の世界を垣間（かいま）見ていただくことができればと思っております。

第二章　多様性を認める——「現成公案」の巻

『正法眼蔵』の代表的な古写本に、六十巻本、七十五巻本、十二巻本、二十八巻本がありますます。このうち大部の編集本が六十巻本と七十五巻本ですが、どちらの編集本も第一巻に編集されているのが「現成公案（げんじょうこうあん）」の巻です。

この巻の奥書[1]に、

これは、天福元年中秋のころ、かきて鎮西[2]の俗弟子楊光秀[3]にあたふ。

1 奥書　書物や巻物の末尾に書かれた由緒書。著者や筆者の名、また、制作の年月日、来歴などを記す。**2 鎮西**　九州（西海道）のこと。ここでは、その中心であった大（太）宰府を指す。大宰府とは、令制のもとに置かれた地方行政府。九州および壱岐・対馬の二島を管轄し、外交や防衛も担った。鎌倉時代に鎮西探題が置かれるとその機能を失った。**3 楊光秀**　詳細は不明であるが、『永平広録』巻八に「大宰府野公大夫」の名がみられ、同巻十（偈頌（げじゅ））に「与野助光帰大宰府」（野助光、大宰府に帰るに与う）とある人物と同一の人物と考えられ、儒者あるいは相当の官位にあった知識人と思われる。

建長壬子拾勒（しゅうろく）（七〜八頁）

これは天福元年（一二三三）中秋の頃、書いて太宰府の俗弟子[4]楊光秀にあたえる。

建長壬子（みずのえね）（一二五二）収録

とあります。この巻は、『正法眼蔵』の中では珍しく、出家[5]の弟子たちに説かれたものではなく俗弟子に書き与えたものですが、第一巻に編集されていることには、重要な意味があると私は考えています。

というのは、第二巻以降編集されている巻々は、すべて「現成公案」の巻の主旨にもとづいて示されているのではないか、そして特に冒頭の一節の精神が根底にあって、『正法眼蔵』が示されていると思われるからです。

「現成公案」の意味

「現成公案」とは、端的に言えば〝現実を生きる〟という意であり、あらゆるものごとを仏の教えにもとづいて捉え、あらゆる行動を仏の教えにもとづいて生きる、ということではないかと思います。ただし、そのような生き方以外にも、自分の認識の及ばない世界や、さまざまな生き方があることを自覚し、その上で「今、私は、自分が信じる仏の道を生きる」ということが「現成公案」であると私は考えています。

ところで「現成公案」という言葉を文字通りに解説しますと、まず「現成」とは、「現前成就」の略語で、現前しているものが成就していること、目の前に現れているすべてのことが完成されていることを言います。

「公案」とは、〝公府の案牘〟の略語です。公府（＝政府）の案牘（＝公文書）、政府の法令のことを言います。政府の法令には必ず従わなければならないことから、人々が必ず守り従わなければならない法則や、絶対の真理のことをも意味します。禅宗では、指導者は参学者[6]に対して、祖師の言葉や行動を手本として示して、その意味を考えさせ、参学者が悟りを開く手がかりにしました。この、手本として参学すべき祖師の言葉や行動を「公案」と言いました。

よって「現成公案」とは、目の前に現れているすべてのことが絶対の真理であるこ

4 俗弟子　出家せず、在俗のまま弟子となること。　**5 出家**　俗人が家庭生活を捨てて、仏道の修行者になること。剃髪し、法名をもらうなどの儀式を受ける。得度とも言う。　**6 参学者**　坐禅修行を行い、仏道を学ぶ者。

とを言うのですが、禅宗では、目の前に現れているすべてのことが「公案」、つまり参学者が悟りを開く手がかりにすべきものであるとしたのです。

「現成公案」という言葉そのものの意味を解説すれば右のようになります。しかし道元はこの言葉を、これとは少々異なった意味で用いていると私は考えております。先に述べたように、「現成公案」は、〝現実を生きる〟という意であり、あらゆるものごとを仏の教えにもとづいて捉え、あらゆる行動を仏の教えにもとづいて生きる、ということではないかと思うのです。さらに言えば、その生き方は、〝多様性を認めながら、自分の信じる道を生きる〟という意味であると考えております。

さて、そのことについて、以下『正法眼蔵』「現成公案」の巻の説示を挙げて繙いてみたいと思います。

「現成公案」の巻の冒頭の一節

諸法[7]の仏法なる時節、すなはち迷悟あり修行あり、生あり死あり、諸仏[8]あり衆生[9]あり。

万法ともにわれにあらざる時節、まどひなくさとりなく、諸仏なく衆生なく、生なく滅なし。

仏道もとより豊倹（ほうけん）[10]より跳出（ちょうしゅつ）せるゆゑに、生滅あり、迷悟あり、生仏[11]あり。しかもかくのごとくなりといへども、華（はな）は愛惜（あいじゃく）にちり、草は棄嫌（きけん）におふるのみなり。　（二頁）

〈諸法が仏法である時〉（あらゆる物事を仏教・仏法・仏道という立場〔視点・見方〕で見た時）には、やはり迷いは迷い、悟りは悟りであり、修行ということも必要であり、生まれるということも死ぬということもあり、悟れる諸仏もあれば迷える衆生もある。

〈しかし〉万法がみな我でない時（あらゆる物事をみな実体的な視点や分別による見方によって見ない時には）、〈そこにはそもそも〉迷いもなければ悟りもなく、諸仏もなければ衆生もなく、生ずることも滅することもないのである。

〈とはいえ〉仏道というのはもともと豊倹（豊かとか乏しいとか、有るとか無いとか、善いとか悪いとかいうような現実世界のあり方）より出現したものであるから、

7 諸法　あらゆる物事。　**8 諸仏**　もろもろの仏。仏は真理に目覚めた人のこと。　**9 衆生**　広くは生きとし生けるもの。煩悩をもち迷いの世界に住む人。有情（心をもつもの）とも言う。
10 豊倹　豊かなことと乏しいこと。有・無、善・悪というような相対の世界。　**11 生仏**　衆生と諸仏。

〈やはり〉生滅ということがあり、迷悟もあり、衆生も諸仏もいるのである。しかも、そうであるとは言っても、華は愛し惜しむ感情によって早く散ってしまうように感じられ、草は斥（しりぞ）け嫌う気持ちがあるので、あちこちに生い茂っているように見えるのである。〉

ここに、道元が自ら確信する正しい仏法を説くにあたっての重要な宣言が見て取れます。そして『正法眼蔵』は、この道元禅師の思いが根底にあって説かれているものと私には思われます。

この一節は、第一段「諸法の仏法なる時節」、第二段「万法ともにわれにあらざる時節」、第三段「仏道もとより豊倹より跳出せるゆゑに」、第四段「しかもかくのごとくなりといへども」の四つの段落から成っています。あるいは第四段は第三段に含まれるのかもしれません。

まず、第一段「諸法の仏法なる時節」ですが、直訳すれば〝あらゆる物事が仏法である時〟となります。〝仏法である時〟というのは、仏教（仏法・仏道）という立場（視点・見方）で見た時、という意味であろうと思われます。あらゆることを仏教という立場で見た時、つまり仏教の観念で捉え、仏教の言葉で表す時、真理に目覚めた人を「仏」と言い、迷っている多くの人々を「衆生」と言い、仏教で行われる「修行」

があり、仏教で言う理想の境界である「悟り」がある、ということになります。キリスト教であったらどうでしょう。父（神）と子（キリスト）と聖霊、ということになるのでしょうか。つまり、キリスト教においては「仏」ではなく「神」であり、「釈尊」ではなく「イエス」[12]であり、「経典」ではなく「聖書」である、ということになります。キリスト教にはキリスト教の世界観があります。同様に、イスラム教にはイスラム教の世界観が、日本の神道には神道の世界観があります。どれかが正しいというわけではありません。同じ世界なのですが、異なった視点から見ているわけです。

そのことを示しているのが第二段の「万法ともにわれにあらざる時節」です。〝私たちの世界を固定観念で見ない時〟と言ってもよいと思います。「仏教」という見方で見なければ、そもそも迷いも悟りもなく、仏も衆生もないわけです。存在するのはただ〝事実〟だけで、その事実を様々な立場から違った言葉（文字）で表しているだけであると言えます。

「生なく滅なし」とは〝生ずることもなく、滅することもない〟ということです。「滅」と「死」は同じ意味です。事実として、何かが生じたり（生まれたり）、そして

12 イエス　イエス・キリスト。キリスト教の始祖。キリストはヘブライ語でメシア（油を注がれた者の意味）という。イエスは、人間の罪を贖い救済するために神が遣わした救世主（メシア）であるとする。

それが滅したり（死んだり）することはあるわけです。しかし、そのことを認識するのはあくまでも私たち（有情＝心をもつもの）の主観であり観念であって、そのような認識をするのはおそらく動物の一部だけであり、昆虫や植物には生じる（生まれる）とか滅する（死ぬ）という認識はないと思われます。

この第二段は、本来、実体的なものはない、固定した見方はない、ということを示しており、逆にいえば、世の中にはいろいろな見方がある、つまり、多様性がある、ということを示唆していると考えられます。道元によってこの第二段が説かれていることは実に重要であると私は考えています。

そしてこの多様性を認めた上で、第三段「仏道もとより豊倹より跳出せるゆゑに……」が説かれています。「あり」「あり」と、生滅（生死）や迷悟や生仏（衆生と仏）が肯定されます。まさに仏教という視点から見た世界です。第一段と同じように見えますが、第二段を踏まえた第三段ですから、肯定とは言え、否定を経た肯定であって、そこが重要だと考えるべきでしょう。

ところで、第一段では「仏法」と言い、第三段では「仏道」と言っていますが、「仏法」とは〝仏の法（教え）〟「仏道」とは〝仏の道（生き方）〟のことです。第一段では理（理論）の面、第三段では行（実践）の面から示されたものとも思われますが、あまりその違いにこだわることはないでしょう。私はどちらも含める形で、本書では

「仏教」としております。

さて、「仏道もとより豊倹より跳出せるゆゑに」の「豊倹」とは〝豊かなことと乏しいこと〟という意味ですが、広く言えば、有と無、善と悪というような相対の世界、分別の世界を言います。そもそも仏教はこのような世界観の中で誕生したものです。

今から約二五〇〇年前[13]にインドの地で誕生した仏教は、インドという風土・文化の中で、それも当時あたりまえであったカースト制度[14]の社会の中で、これを批判して誕生したもので、いわば「豊倹」の社会の中から「跳出」（跳び出）してきたものと言えます。混迷するインド世界[15]の中から、目覚める（悟れる）者、仏陀（ブッダ、釈尊）が出現し、法（教え）を説いたのがその始まりと言えます。ですから当然のことながら、そこに仏教的な見方や生き方が現れ、その仏教が東南アジア、中国・朝鮮半島、

13 約二五〇〇年前　紀元前五世紀前後は、社会や政治経済において大きな変革が起こった時代であった。それに伴い思想哲学の分野でも新しいものが生まれた。インドでは仏教やジャイナ教、中国では諸子百家と呼ばれる思想家たちが誕生した。**14 カースト制度**　四姓制度。北方のアーリア人がインダス川流域に進出し、作り出したインドの身分制度。紀元前十世紀頃には原型ができた。バラモン（司祭）を最上とし、クシャトリア（王族、武士）、ヴァイシャ（庶民）、シュードラ（奴隷）と分かれる。時代が進むにつれ細分化され、現代も影響が残る。**15 混迷するインド世界**　当時のインドの地には大小さまざまな十六の国がひしめいていたとされ、北インドの小国（部族）であった釈迦族は大国コーサラ国の支配下にあり、のちに滅ぼされた。

そして日本へと伝わってきたわけです。

「しかもかくのごとくなりといへども……」の段は、前三段全体を受けたものか、第三段に付随して言ったものか定かではありませんが、私は第三段について、第二段を踏まえて注意を喚起したもの、つまり、「生滅あり、迷悟あり、生仏あり」とはいえ、それは「華は愛惜にちり、草は棄嫌におふるのみなり」であると捉えています。

この文章には二通りの解釈があります。一つは〝華は愛し惜しむ感情によって早く散ってしまうように感じられ、草は斥け嫌う気持ちがあるので、あちこちに生い茂っているように見える〟という一般的な人々の感情を認め、人生とは所詮そういうものであると肯定する解釈です。もう一つは、「華は愛惜にちり、草は棄嫌におふる」ものであり、私たちは我見(自我・エゴ)、つまり固定観念や先入観や自分中心的な考え方によってものごとを見てしまうので、気をつけなければならないと、注意を喚起したとする解釈です。私は後者であると考えております。

『正法眼蔵』は道元が「正伝の仏法」(正しい仏法)とは何かということを、自らの信念に基づいて示したものであることは、あらゆる巻々の中にうかがわれます。その根底には、この「現成公案」の巻の冒頭にあるような思いが存在していたと、私は理解しています。つまり、「正伝の仏法」を自らの信念に基づいて示しながらも、おそらく〝私（道元）こそが正しい〟という思いはなかったということです。道元は世の中にはいろいろな考え方があり、仏教にもいろいろな教えがあることを自覚し、その上で、自らが確信する「正伝の仏法」を『正法眼蔵』に示したと思われるのです。その『正法眼蔵』の第一巻に「現成公案」の巻が編集され、そしてその冒頭にこのような説示があることは、極めて重要であると私は考えています。

　個人的なことですが、〝我こそが正しい〟と主張する人はあまり信じられません。多様性を認めながらその上で信念をもって生きた道元だからこそ、私は信じることができ、崇敬するのです。

一方を照らすとき、一方は暗い

身心を挙して色を見取し、身心を挙して声を聴取するに、したしく会取すれども、かがみにかげをやどすがごとくにあらず、水と月とのごとくにあらず。一方を証するときは一方はくらし。　（三頁）

〈全身心でもって（力を尽くして）色（物）を見、全身心でもって（力を尽くして）声を聞く場合、いくら親密に会得したとしても、鏡に影を映すよう〈に親密〉ではない。月が水に映るよう〈に親密〉ではない。一方を照らす時、一方は暗い。〉

これも、物の見方についての説示です。

私たちは、環境世界をどのように認識しているのかというと、六根、つまり「眼・耳・鼻・舌・身・意」の六つの感覚器官（主観）によって、六境、つまり「色・声・香・味・触・法」の六つの外部世界（客観）を認識して生活しています。

《六根》　《六境》　《六識》

眼……色……眼識——視覚により色（物質）を見て、外部の世界を認識する。

耳……声……耳識——聴覚により声（音）を聞いて、外部の世界を認識する。

鼻……香……鼻識——臭覚により香りを嗅いで、外部の世界を認識する。

舌……味……舌識——味覚により味を味わって、外部の世界を認識する。

身……触……身識——触覚により皮膚で触れて、外部の世界を認識する。

意……法……意識——知覚によりあらゆる存在を意識して、外部の世界を認識する。

これら認識の仕方は、眼の良い人は周囲の様子がよく見える、耳の遠い人は小さな音声がよく聞こえない、というように個々人の感覚器官の能力によって異なっています。しかし、いくら素晴らしい能力を持っていて見たり聞いたりしても、正確に認識するということはなかなかできるものではありません。

どんなに一生懸命に見たり、聞いたりしても、見た映像や聞いた音声を如実に記憶することはできません。鏡に姿を映すように、あるいは全く波立っていない水に月が映るように、正確にものを映し出すことはできません。暗闇で前方をライトで照らす時、後方は暗くて見えませんし、そもそも前を見た時、後ろを見ることはできません。

まして私たちの認識作用には、主観が影響します。同じ道を歩いていても、植物に興味のある人は、どこにどんな木があるとか、花が咲いていたとか認識しますが、興味のない人はたとえ見ていたとしても、認識していなかったり記憶に留まらなかったりします。

私たちのものの見方、認識の仕方というのは、あいまいで不確かであり、事実を正確に認識しているわけではないのです。自分の見方が正しいわけではないですし、それにもとづく自分の考え方が正しいのではないのです。そのことをしっかりと自覚していないといけません。

続けて「現成公案」の巻を見ていきましょう。

自分のことはよく見えていない

人、舟にのりてゆくに、目をめぐらしてきしをみれば、きしのうつるとあやまる。めをしたしくふねにつくれば、ふねのすすむをしるがごとく、身心を乱想して万法を弁肯[16]するには、自心自性は常住[17]なるかとあやまる。もし行李[18]をしたしくして箇裏[19]に帰すれば、万法の、われにあらぬ道理あきらけし。　（三～四頁）

〈人が舟に乗って〈岸から離れて〉行く時、周囲を見回して岸の方を見ると、岸が向こうへ移動して行くように見誤る。眼を直に舟に着けて見ると舟が進んでいることがわかるように、身心を乱し迷わせて万法を弁えると、〈万法が移り変わり〉自分の心性は変化しないのではないかと思い誤る。もし一切の行為において親密にこのところ（自分自身の足もと）を見つめれば、万法に対する見方が、自分の見方のようではない（自分の見方が正しいのではない）道理が明らかとなる。〉

「現成公案」の巻には喩え話がいくつか示されています。難解と言われる『正法眼蔵』ですが、道元もできるだけ理解してもらえるようにと喩え話を用いているのです。

船に乗っている時、周囲の景色を見ますと、景色の方が遠のいたり近づいたりして見えます。しかし、船に眼を着けてみますと船が水上を移動し、船とともに自分が動いていることがわかります。とかく私たちは自分は変化せず、周囲が変化しているように思ってしまいます。久しぶりに再会した知人が年を取ったとか、親戚の子供が大きくなったとか、他人の変化には驚いたりしますが、自分のこととなると、その変化にあまり気づかないのです。でも自分も同じように年を取っているのです。私たちは、案外自分のことはよくわかっていないのです。このように私たちは周囲のものや他人のことを見て生活していますが、自分のことは、鏡に映したり、写真や動画を撮影したりしてもらわないと、よく見ることはありません。自分の声も同様です。

禅においては、自分を見つめる、ということが大切です。自分自身を習い、学ぶことが重要です。「万法の、われにあらぬ道理あきらけし」とあるように、万法に対する見方が、自分の見方のようではない（自分の見方が正しいのではない）道理をしっかりと認識しなければならないのです。

16 弁肯　弁え肯う。受けとること。**17 常住**　変化しないこと（もの）。**18 行李**　一切の行為。
19 箇裏　このところ（自分自身の足もと）。

私たちは自分の能力の及ぶ範囲で世界を見ている

身心に法いまだ参飽[20]せざるには、法すでにたれりとおぼゆ。法もし身心に充足すれば、ひとかたは、たらずとおぼゆるなり。たとへば、船にのりて山なき海中にいでて四方をみるに、ただまろにのみみゆ、さらにことなる相、みゆることなし。しかあれど、この大海、まろなるにあらず、方なるにあらず、のこれる海徳[21]、つくすべからざるなり。宮殿のごとし[22]、瓔珞[23]のごとし。ただわがまなこのおよぶところ、しばらくまろにみゆるのみなり。かれがごとく、万法もまたしかあり。塵中[24]・格外[25]、おほく様子を帯せりといへども、参学眼力のおよぶばかりを、見取・会取するなり。万法の家風をきかんには、方・円とみゆるよりほかに、のこりの海徳・山徳[26]おほくきはまりなく、よもの世界あることをしるべし。かたはら[27]のみかくのごとくあるにあらず、直下[28]も一滴[29]もしかあるとしるべし。（五頁）

〈身心に仏法が未だ充分に会得されていない時には、仏法は既に満たされていると思う。仏法がもし身心に充足すれば、どこか足りないと思うのである。たとえば、舟に乗って山（陸地）の見えない海原に出て四方を見ると、ただ丸くのみ見えるだけであり、ほかに違った相（景色）が見えることはない。しかしながら、この大海は丸いのではない、四角いのでもない、私たちの理解を超えた海の功徳は計り知れないものである。同じ水を魚は宮殿と見、天人は瓔珞と見るようなものである。ただ自分の眼が見渡せる範囲において、仮に〈海は〉丸く見えるだけなのである。

同様に、あらゆる物事もまたそうである。塵中も格外もさまざまな姿を現しているが、〈私たちは自分の〉能力の及ぶ範囲で見たり理解したりするのである。

20 参飽　充分に会得すること。**21 海徳**　海の功徳。海のさまざまな姿・はたらき。**22 宮殿のごとし**　『摂大乗論（しょうだいじょうろん）』四の「一水四見」の喩えにもとづく語。「一水四見」とは、人間は水と見、魚は宮殿と見、天人は瓔珞と見、餓鬼は膿血と見る。同じものでも見る者によって見方が異なることの喩え。『摂大乗論』は、四世紀に成立。原題は「大乗の要義の集成」の意味。ヴァスバンドゥ（世親）の兄で瑜伽（ゆが）行唯識派のアサンガ（無着）の著。瑜伽は梵語のヨガの音訳。唯識説にもとづき、大乗仏教の教学を十の項目に分けて記したもの。世親と無着による注釈本がある。

23 瓔珞　珠玉や貴金属に糸を通して作った装飾品。**24 塵中**　六塵の中＝世間・凡夫の世界。

25 格外　規格外。世間的な規格や尺度を超えたところ＝出世間・仏法の世界。出世間とは、世俗社会の煩悩から離れて悟りの世界に入ること。また出家すること。**26 山徳**　山の功徳。山のさまざまな姿・はたらき。**27 かたはら**　側ら（自分の外部）。**28 直下**　真下、自分の足もと。自分自身。**29 一滴**　一滴の水の中のような小さな世界。

あらゆる物事のあり方を理解するには、四角いとか丸いとか見えるほかに、それにも余る海の功徳や山の功徳は多く限りなくあり、四方の（さまざまな）世界があることを知らなければならない。側らだけがそのようであるのではない。直下も一滴もそのようであると知るべきである。（このことがわかっている人が、法が身心に充足した人であり、「ひとかたは、たらず」と感じる人である）。〉

ここでも、舟に乗って大海原へ出た時のことが喩え話として示されています。第一章で述べましたように、道元は、二十四歳の時、宋の国へ渡っています。その時に実際に体験したことでしょう。海に出て陸地の見えないところに行くと、周囲は海ばかりで海が丸く見えたと言うのです。

しかしここで道元は、海は丸いのでも四角いのでもない、海には他にもさまざまな姿があると言います。

嵐の海もある。大空から海を見ている天人は、波が日の光に反射して光ってまるで宝石のようにキラキラと輝いて見えるだろう。舟の下、海の中の世界もさまざまであろう。魚たちは海を住処とし、宮殿のように見ているであろう。そのように思いを馳せるのです。

そして本文の「かれがごとく、万法もまたしかあり。塵中・格外、おほく様子を帯せりといへども、参学眼力のおよぶばかりを、見取・会取するなり」という説示が重要です。海（水）の喩えと同様にあらゆる物事がそのようであると示されています。

先述のように私たちは、自分の能力の及ぶ範囲で見たり聞いたり認識したりしているのです。そして世界には自分が認識できない様子が数多ある。それは周囲の広大な世界だけのことでなく、自分自身（自分の内なる世界）も、一滴の水の中のようなミクロの世界もある、ということです。自分の認識の及ばない世界が限りなくあるというのです。

そのようなことを自覚しながら、自分の見方、自分の考え方が、必ずしも正しいのではないことを自覚しながら謙虚に、多様性を認めながら、しかも自分の信じる道を生きていく、それが「現成公案」ということであると言えます。

この巻で「現成公案」という言葉が示されているのが次の部分です。

今、ここ、このことを生きる

このところをうれば、この行李したがひて現成公案す。このみちをうれば、この行李したがひて現成公案なり。（六頁）

〈この生きる場所を得たからには、この現実にしたがって「現成公案」する（現実を真剣に生きる）のである。この〈生きる〉道を得たからには、この現実にしたがって「現成公案」である。〉

今、私たちは、現実の世界を生きています。現実の日常生活があります。道元にしてみれば、それが叢林（そうりん）[30]（修行道場）での修行生活であったわけですが、今私たちも、それぞれの場所で、それぞれの現実を真剣に生きていく、それしかないのであろうと思います。

次の説示も同様のことを示しています。

人、もし仏道を修証（しゅしょう）するに、得一法通一法（とくいっぽうつういっぽう）なり、遇一行修一行（ぐういちぎょうしゅいちぎょう）なり。（六頁）

人も、もし仏道を修証するなら、一つのことに当たっては、その一つのことに通じ、一つの行に当たっては、その一つの行を修行するのである。

「現成公案」の巻を取り上げて、その中の、本章のテーマである、多様性を認めながら、自分の信じる道を生きるということに関わる部分を中心にお話ししましたが、この巻には、ほかにも仏道の根幹に関わる重要な説示が記されています。それらはほかの章でも関係してきますので、今後そのつどご紹介したいと思います。

30 叢林　草木が集まった場所のこと。転じて僧が集まる寺を指す。特に禅寺をいう。

第三章　存在と時間――「有時」の巻

『正法眼蔵』は、大正時代くらいまでは、主に宗派（曹洞宗）の内部で、曹洞宗の僧侶の修行の道標として参究[1]されてきましたが、これが仏教や禅の研究者以外から注目され紹介されるようになったのは、昭和の初め頃からです。

世界の哲学者や思想家から注目される「有時」の巻

その先駆けとなったのが哲学者の田辺元(はじめ)[2]、科学者の橋田邦彦[3]、およびキリスト者の金子白夢(はくむ)[4]でした。西田哲学を嗣ぐ哲学界の権威であった田辺は、『正法眼蔵』を取り上げて「哲学の最高峰」「哲学の真髄」「日本哲学の光・指標」と讃(たた)え、自然科学者であり生理学の泰斗であった橋田は自然科学の立場から「生理学の究極の生命」と言い、キリスト者の金子も道元の教えを賛歎しています。そしてこれらに触発されて、『正法眼蔵』は世界の哲学者や思想家に知られることとなりました。そのような中で注目されたのが道元の「存在と時間」に関する思想であり、『正法眼蔵』の中では「有時（うじ）」の巻でした。

本章では、「存在と時間」に関する問題について「有時」の巻を中心に、ほかの巻の説示もいくつか取り上げてお話しいたします。

「有時」の巻の冒頭で道元は、次の語を挙げています。

古仏言、有時高高峰頂立、有時深深海底行、有時三頭八臂、有時丈六八尺、有時拄

1 参究　参禅して仏法の真理を究明すること。 **2 田辺元**（一八八五～一九六二）　東京帝国大学哲学科卒業。一九二〇年代に欧州へ留学し、主にフッサールについて現象学を研究、帰国後京都大学教授となる。「絶対弁証法」を提唱し、田辺哲学と称された。三九年、『正法眼蔵の哲学私観』を著し、その中で道元を讃えている。 **3 橋田邦彦**（一八八二～一九四五）　生理学者、教育行政家。東京帝大医科大学を卒業。欧州留学後に帝大教授となる。一九四〇年から四三年まで文部大臣を務め、日本的精神と科学主義による教育新体制を確立した。また、『正法眼蔵』を研究、大学で講釈したものをもとに『正法眼蔵釈意』を出版した。ほかに『行としての科学』などの著書がある。四五年、ＧＨＱの戦犯指名を受け服毒自殺した。 **4 金子白夢**（一八七三～一九五〇）　牧師。本名卯吉。千葉県生まれ。一八八五年、受洗。九九年、九州小倉で仏教を学び、森鷗外とも交流があった。一九一二年、愛知教会の牧師に就任、四一年に引退し、哲学の研究を続けた。著書は『無門関の研究』『東洋意識の新研究』『体験の宗教』など多数。

杖払子、有時露柱燈籠、有時張三李四、有時大地虚空。　（二九二頁）

通常、この部分は次のように訓読します。

有る時は高高たる峰頂に立つ、有る時は深深たる海底を行く、有る時は三頭八臂[5]、有る時は丈六八尺[6]、有る時は拄杖払子[7]、有る時は露柱燈籠[8]、有る時は張三李四[9]、有る時は大地虚空。

主語は「仏」です。仏は、ある時は高い峰の上に立っておられ、ある時は深い海底を歩いて行かれ、ある時は三つの頭と八つの腕を持つ不動明王の憤怒の姿を現し、ある時は一丈六尺の立像や八尺の坐像となり、……というような意味になります。

ここに示されている「有時」という言葉は、普通は「ある時」と読んで、「ある時」どこにいて、「ある時」何をしていた、というような、時間の経過の中における一時のことを言います。

しかし、道元の解釈は、まったく異なっています。道元はこの言葉を「ある時」と訓読せず「有時」と音読しているようです。つまり、「有」というのは「存在」のこと、「時」というのは「時間」のことで、時間と存在がひとつであるという現実の在り方を示した言葉と解釈しています。このような解釈は道元の思想の中でも極めて特徴的なもので、冒頭に挙げた学者や多くの思想家・哲学者からも注目されています。

その代表的な説示が次の一節です。

いはゆる有時は、時すでにこれ有なり、有はみな時なり。　（二九二頁）

この一節は、冒頭の引用語（「有時高高峰頂立、……」）を挙げて、それを解説する中

5 三頭八臂　三つの頭と八つの腕をもつ不動明王のこと。不動明王とは、ヒンドゥー教の神、シヴァの別名でアチャラナータの漢訳。仏教に明王として取り入れられ大日如来の使者とされた。悪を調伏し煩悩を除く。現世利益をもたらすとして一般にも信仰された。憤怒（忿怒）の形相で右手に剣、左手に羂索（縄）を持ち、背後に火焔を背負う。　**6 丈六八尺**　一丈六尺（およそ四・八五メートル）ほどの高さの立像と八尺ほどの高さの坐像のこと。　**7 拄杖払子**　拄杖と払子。ともに師家が説法をするときに持つもの。拄杖とは、杖で体を支えること。拄は支えるの意。払子とは、棒の先に獣毛や麻を束ねたものを付けた法具。もとはインドで殺生を禁止された修行僧が蚊などを追いはらった道具。仏教で法具となり煩悩や災いをはらうとされた。中国では禅僧が説法時に用い、日本でも鎌倉時代以降、禅宗を中心に用いられた。現在では禅宗に限らず法要時に導師が法具として使用している。　**8 露柱燈籠**　丸い柱と灯籠。ともに法堂（説法の道場）などにあるもの。　**9 張三李四**　張も李も中国人によくある名字。張とか李とかの姓を持つどこにでもいる人の意。

でまず示した言葉で、この引用語の中にある「有時」という語は、「有る時は」という〝移りゆく時のある時点における状態を示す語〟ではなく、時（時間）がまぎれもなく有（存在）であり、有（存在）はみすべて時（時間）であるというのです。

　仏法をならはざる凡夫の時節に、あらゆる見解は、有時のことばをきくにおもはく、あるときは三頭八臂となれりき、あるときは丈六八尺となれりき、たとへば、河をすぎ、山をすぎしがごとくなり、と。いまは、その山河たとひあるらめども、われすぎきたりて、いまは玉殿朱楼[10]に処せり、山河とわれと、天と地となりとおもふ。

　しかあれども、道理、この一條のみにあらず。いはゆる山をのぼり河をわたりし時に、われありき、われに時あるべし。われすでにあり、時、さるべからず。時、もし去来の相にあらずば、上山の時は有時の而今[11]なり。時、もし去来の相を保任せば、われに有時の而今ある、これ有時なり。（二九三〜二九四頁）

〈仏法を学んでいない凡夫（凡人）の時に、「有時」について考える見解は、「有時」の言葉を聞いて「〈仏というものは〉ある時は三頭八臂の憤怒の姿を現し、ある時は丈六（一丈六尺の立像）八尺（八尺の坐像）となった仏像の姿を現すと。

たとえば、自分は河を通り過ぎ、山を通り過ぎてきたというようなものである」と。「今はその山も河もその場所にあるであろうが、私はそこを通り過ぎてきて、今は美しい御殿にいる。そして山や河と私とは、天と地ほどに隔たってしまった」と思う。

しかしながら、真実の道理は、それだけではない。というのは、山を上り河を渡った時に、私があった、その私に「時」というものがあるのである。私はすでにこうして存在している、その私から「時」は去ってゆくのではない。「時」がもし過ぎ去ってしまったりやって来たりする相（ありよう）でないならどうかというと、山に登った時、その時が「有時」の（時間と存在が一つである）「而今」（まさに今）である。「時」がもし過ぎ去ってしまったりやって来たりする相（ありよう）を保っているとすれば、それは私に「有時」の「而今」があるのである。これが「有時」ということである。〉

私たちは、過去を振り返って、あの時は北海道にいたとか、あの時は東京で仕事をしていたというように、記憶をよみがえらせることができます。「ああ、あの時はよ

10 玉殿朱楼　美しい御殿と朱塗りの楼閣。　**11 而今**　まさに今。

かった」、「あの時はつらい時期だった」、「あれは十年前のこと、あれからもう十年も経ってしまった」などと過去のことを思い出して、時は過ぎ去ってしまったと考えます。

しかし、時は、私から去ってゆくのではなく、今に移ってきたのでもなく、今の私にすべての時があると道元は言うのです。過去を思い出している今の私も時であり、今の私の中にすべての時があるというのです。

そして私たちの人生は常に「有時」であり、「今」「ここ」だけであり、そのほかに「私」は存在しないということになります。過去を思い出す私も、今の私なのです。

そして、このことは「私」だけについて言えるのではなく、松や竹などの植物もそうであり、山や海などの自然も同様であると道元は言います。

「有」とは何か

ところで、ここに用いられている「有」とは何かを、この「有時」の巻で使われている言葉で置き換えるとすれば、「尽界」「尽地」「万象百草(まんぞうひゃくそう)」[12]などがそれにあたるといえます。いわゆる「存在」です。そして、道元の存在論について探ることができる言葉が、「有時」の巻には数多く見られます。たとえば、次のような一節があります。

尽地に万象[13]・百草[14]あり、一草・一象おのおの尽地にあることを参学すべし。かくのごとくの往来は、修行の発足なり。到恁麼[15]の田地のとき、すなはち一草・一象なり、会象・不会象なり、会草・不会草なり。正当恁麼時のみなるがゆへに、有時みな尽時なり、有草・有象ともに時なり。時時の時に尽有・尽界あるなり。しばらく、いまの時にもれたる尽有・尽界ありやなしや、と観想[16]すべし。

（二九三頁）

〈全大地には、さまざまな象（形あるもの）や、たくさんの草木が存在する。また、その一本一本の草や一つひとつの象が、全大地にあることをよくよく学ぶべきである。このように〈学んで、一つの事物から一つの事物へと〉往来するのが、修行の始まりである。このような境涯に至った時、〈私が〉そのまま一本

12 存在論　あらゆる事物（存在者）について、存在していることは何を意味するのかを問い究め、存在そのものの根拠、または様態について考察し、規定する学問。オントロギー。アリストテレスの「第一哲学（形而上学）」以来、形而上学の中心となる哲学の基礎的部門。　**13 象**　形ある物。　**14 草**　草は、あらゆる存在を代表させて用いられる場合がある。　**15 恁麼**　この、その、このような、そのような、という意。　**16 観想**　観察してしっかりと考えてみること。

の草や一つの象となり、象を理解（認識）するのに〈単に〉象と理解（認識）することなく、草を理解（認識）するのに〈単に〉草と理解（認識）することがないのである。まさにそのような「時」だけであるから、有時（存在と一つである時間）が、すべての「時」なのである。存在としての草も存在としての象もみな「時」なのである。その時その時の「時」にすべての存在があり、すべての世界があるのである。しばし、今の「時」から漏れてしまっているすべての存在や全世界があるのかどうかと、しっかり考えてみるべきである（漏れてしまっているものなどありはしない）。〉

ここで言うように、全体から見れば、全大地には、さまざまな形あるものや、多くの種類の草木が存在します。そして、個々からみれば、その一本一本の草や一つひとつの形あるものは全大地の中にあります。あるいは、一草一象おのおのに全大地（全世界）があるとも解釈できます。このように学び、一つの事物から一つの事物への往来が、まさに全存在から全存在への往来であるがごとく生きるのが修行者の生き方です。あとで詳しく述べます。

言うならば、一本の花から一本の花へと舞い移る蝶も、この全世界の存在の一つとしてである花から、別のもう一つの存在である花へと移動しているのではないのです。

蝶が一本の花から一本の花へと舞い移るのは、全世界から全世界へと舞い移っているということなのです。

このような境界に至った時、私がそのまま一本の草となり、その草にすべての「時」があることになります。今の「時」から漏れてしまっている存在や世界などないと言うのです。

たとえば、「昨日は北海道にいた、今日は東京にいる」と言った場合、日本地図を頭に描いて、北海道から東京に移動したと考えます。しかし、その移動した主体にとっては、北海道から東京への移動は、全世界から全世界への移動であり、〝あの時は○○にいた〟そして〝あの時は△△にいた〟というのではなく、私の居場所は常に私にとって全世界であるということです。全世界から全世界へと往き来しているのです。そのような認識も、一つの認識に過ぎないかもしれません。しかし、そのように受けとることができるのが修行者であると道元は言うのでしょう。

「今・自分がいる」このところ、そして私という存在、そして今という時間、その時その時の時間にすべての時間があり、すべての存在があり、今という時間から除外されている存在はない、それが道元の世界観であり時間論[17]であると言えます。

松も「時」であり、竹も「時」である

このことは「私」だけに言えるのではなく、松や竹などの植物もそうであり、山や海などの自然もそうであると道元は言います。

松も時なり、竹も時なり。時は飛去するとのみ解会すべからず、飛去は時の能とのみは学すべからず。時、もし飛去に一任せば、間隙ありぬべし。有時の道を経聞せざるは、すぎぬるとのみ学するによりてなり。要をとりていはば、尽界にあらゆる尽有は、つらなりながら時時なり、有時なるによりて吾有時なり。

（二九四頁）

〈松も時である、竹も時である。時というのは飛び去るものとばかり理解してはいけない、飛び去ることが時の得意とするところだと学んでもいけない。時がもし飛去ということだけならば、飛び去る間や隙間があるはずである。「有時」の正しい意味を聞くことを経験しないのは、時は過ぎ去るとだけ学ぶからである。要するに、全世界のあらゆる存在は、連なりながらその時その時なの

である。存在と時間は一つであるから、私と存在と時間は一つである。〉

静止して存在しているように見える松や竹などの植物も「時」（時間）であると道元は言います。動き回ったり、飛び去ったりしているものは、その場所の移動によって時の移り変わりを考えることができますから、時とはそのようなものであると私たちは思ってしまいますが、時とは飛び去る（行き過ぎる）ものだけではないことを、ここでは示しています。そして「松」という存在も、「竹」という存在も「時」であるというのです。

たとえば、目の前を新幹線が飛ぶように走り去って行くのを見ると、私たちはそのスピードの速さに「時」を感じます。庭の松は、十分ほど眺めていても、風が吹いて枝が揺れたり、松葉が落ちたりすることはあっても、その姿はほとんど変わりません。したがってそこに時間を実感することはあまりありません。でも新幹線が目の前を高速で通り過ぎる数秒も、松を見ている数秒も、同じ時間です。同じ時が流れています。

17　時間論　「時間とは何か」に関する論考。哲学においては、あらゆる出来事の継起する形式で、過去、現在、未来の三様態を持つ。時間は存在を証明する必要条件の一つであるとされ、存在論とは切り離せないもの。流れは一方向で不可逆的とするが、インドやギリシャにおいて時間は回帰的とされた。

第二章で学んだ『正法眼蔵』「現成公案」の巻に「時」に関する次のような説示があります。

たきぎは、はいとなる、さらにかへりてたきぎとなるべきにあらず。しかあるを、灰はのち、薪(たきぎ)はさきと見取すべからず。しるべし、薪は薪の法位に住して、さきあり、のちあり、前後ありといへども、前後際断せり。灰は灰の法位にありて、後あり、先あり。（四頁）

〈薪が焼かれて灰となる時、けっして元に戻って薪になるはずがない。そうであるが、灰が後で、薪は前と見てはいけない。知りなさい、薪は薪のあり方にあって、前もあり後もある、前後があるといっても、前後はとぎれている。灰は灰のあり方にあって、後もあり前もある。〉

私たちは薪が燃えて灰になるのを見ると、そこに大きな変化を見ます。しかし道元は、薪は薪の状態で刻一刻と変化している、灰は灰として刻一刻と変化していると言います。薪から灰になる、そこだけに変化があるのではなく、そこだけに前後があるのではなく、常に変化しているというわけです。

次に、『正法眼蔵』「十二巻本」の第四にあたる「発菩提心」の巻から、「時」について述べているところを引いてみましょう。

おほよそ壮士の一弾指のあひだに、六十五の刹那[18]ありて五蘊[19]生滅すれども、凡夫かつて不覚不知なり。怛刹那[20]の量よりは、凡夫もこれをしれり。一日一夜をふるあひだに、六十四億九万九千九百八十の刹那ありて、五蘊ともに生滅す。しかあれども、凡夫かつて覚知せず。覚知せざるがゆゑに、菩提心をおこさず。

（九八二頁）

〈だいたい成年男子が一回指を弾く間に、六十五の刹那があって身体は生滅を繰り返しているが、凡夫は決して覚知することはない。怛刹那の量からは、凡夫も知ることができる。一日一夜を経過する間に、六十四億九万九千九百八十の刹那があって、身体はみな生滅する。しかし凡夫は決して覚知

18 刹那　仏教が説く時間の最小単位。75分の1秒。**19 五蘊**　五つの集まり。色・受・想・行・識のこと。肉体と心。肉体的・物質的な要素（色）と精神的な要素（受・想・行・識）。
20 怛刹那　百二十刹那（1と5分の3秒）。尚、六十怛刹那を臘縛（1分36秒）と言い、三十臘縛を須臾（48分）と言う。一昼夜は、三十須臾であり、三十昼夜を一日とする。

しないから、菩提心を発さない。〉

ここで示されているように、仏教では、一刹那一刹那に私たちの身体は生滅を繰り返していると言われます。一刹那というのは仏教が説く時間の最小単位で、七十五分の一秒にあたります。つまり一秒間に七十五回、私たちは生まれたり死んだりするのを繰り返しているというのです。これを「刹那生滅」と言います。

話を戻しますが、静止しているように見えるものでも、すべてのものは速やかに移り変わっていると仏教では説き、道元も当然そのように見るのです。動き、移り変わるように見えるものだけが「時」ではないのです。

先ほどの引用文（六六ページ）に、「尽界にあらゆる尽有は、つらなりながら時時なり、有時なるによりて吾有時なり」とありました。全世界のあらゆる存在は、連なりながらその一瞬一瞬は「刹那生滅」であり「前後際断」であって、前後はとぎれており、とぎれている一瞬一瞬が連なっている、ということになります。これが仏教の時間論です。

この世の中の出来事は、つながってゆきますが、つながりながらも、その時その時であり、その時その時以外に人生はなく、そのような人生がつらなってゆくということになります。道元はさらに「有時」という言葉に「吾」という字をつけて、「吾有時」と示しています。存在と時間が一つであるとは、私と存在と時間が一つである、ということになるのです。時間と存在が一つであることは、私と関係なくあるのではなく、私の問題として、私の生き方の中で、捉えるべきものなのです。

そして次に、存在と時間ということについて、常識をくつがえす説示がさらに語られています。再び「有時」の巻に戻ってみましょう。

存在と時間は一体のもの

山も時(じ)なり、海も時なり、時(じ)にあらざれば山海あるべからず、山海の而今(にこん)に時あらずとすべからず、時もし壊(え)すれば山海も壊(え)す、時もし不壊(ふえ)なれば、山海も不壊なり。この道理に、明(みようじよう)星[21]出現す、如来出現す、眼睛(がんぜい)出現す、拈華(ねんげ)[22]出現す。これ

21 明星〜　釈尊が明けの明星（早朝に見える金星）を見て成道された故事。釈尊は明けの明星をみて悟りを開いたとされるが、釈尊の「眼」（眼睛）と「明星」は一体のものであり、そこに「悟りが開かれた（＝如来が出現した）」ことも一体であると道元は示す。**22 拈華**　釈尊から摩訶迦葉に法が伝わった故事。釈尊が優曇華を拈じて瞬目(まばたき)し、それに応じて摩訶迦葉が微笑した（ほほえんだ）時、法が伝わったとする因縁話。本書二八〜二九ページ参照。

時なり、時にあらざれば不恁麼なり。　（二九八頁）

〈山も時である、海も時である、時がなかったら海も山もあるはずがなく、山や海の而今（まさに今）に時がないとするのでもない。時がもしなくなってしまえば、山や海もなくなってしまう、時がもしなくならなければ、山も海もなくならない。この道理において、明けの明星が出現し、仏陀（釈尊）が出現し、仏陀の眼がまばたきし、摩訶迦葉との拈華微笑も出現し、それによって仏教が代々伝わってきたのである。まさに、これが時ということである。時がなければ、このようにはならなかったのである。〉

山も時であり、海も時であるというのです。このことはすでに尽界が「時」であると示されているのですから当然の説示です。しかしここで、〝時がなかったら海も山もあるはずがない〟と言われます。

我々は、もし仮に時間が止まってしまったら、世界のあらゆる物事が静止するかのように考えます。しかし、この道元の説示によれば、時間だけが止まって、この世界のあらゆるものごとが存在しているという状態はあり得ないことになります。時間が静止すれば、存在もなくなるのです。存在がなくなれば時間もなくなるのです。時間だけが止まり、あらゆる存在が静止してそこにあるという状態はあり得ないというのです。時間だけがある、あるいは存在だけがあるということはあり得ない、それが道元の見方です。

時間と存在は一体のものなのです。

有時を生きる

それでは、そのような「有時」という現実を、どう生きたらいいのか。まず「生きる」ということはどういうことなのか、道元は『正法眼蔵』「全機（ぜんき）」の巻において次のように示しています。

> 生といふは、たとへば、人の、ふねにのれるときのごとし。このふねは、われ、帆をつかひ、われ、かぢ（じ）をとれり、われ、さほをさすといへども、ふね、われをのせて、ふねのほかにわれなし。われ、ふねにのりて、このふねをもふねならしむ。この正当恁麼時（しょうとういんもじ）[23]を功夫（くふう）参学すべし。この正当恁麼時は、舟の世界にあらざる

23 正当恁麼時　まさにこの時。

ことなし。天も水も岸も、みな舟の時節となれり、さらに舟にあらざる時節とおなじからず。このゆゑに、生はわが生ぜしむるなり、われをば生のわれならしむるなり。舟にのれるには、身心依正[24]、ともに舟の機関なり。尽大地・尽虚空、ともに舟の機関なり。生なるわれ、われなる生、それかくのごとし。（三二五頁）

〈生とは、たとえば人が舟に乗っている時のようなものである。この舟は、私が帆を使い、舵を取り、棹をさして進むとはいえ、舟が私を乗せているのだから、舟のほかに私はない。私が舟に乗り、私がこの舟を舟たらしめている。まさにこの時をよく考えてみなさい。まさにこの時は、この舟が全世界である。大空も大海の水も彼方に見える岸も、みな舟の「時」（時節）となっている。決して舟でない「時」があるのではない。それゆえに、「生」とは私が生じさせているものであり、私を「生」が私にさせているのである。舟に乗っているときには、私も、私を取り巻く環境も、ともに舟の機関である。すべての大地もすべての空間も、ともに舟の機関である。生である私、私である生、それは以上のようである。〉

人生とは、人が舟に乗っているような、帆や舵や棹によって舟を操るようなものであり、私たちは自分の意志で主体的に生きることができます。この時、舟のほかに私はなく、私は舟と一つであり、その舟はまた世界と一つであり、舟の時間と全世界の時間とは一つである……、そのように私は生きているということでしょうか。

通常は、次のように考えます。「私」がこの「世界」の中で「生きている」、そこに「時間」の経過がある、と。しかし、道元は、「私」と「生きている」ということと「時間」と「世界」はみな一つのことであり、それが事実であると言っているのだと思います。私以外に世界はなく、世界以外に時間はなく、時間があるということは、私が生きているということであると言うのです。

「分別」という言葉があります。〝ゴミを分別（ぶんべつ）する〟といった場合、種類によって分けることを指しますが、〝分別（ふんべつ）がつく〟〝思慮分別〟といった場合は、物事を考えたり判断したりすることを指します。仏教では基本的に、物事を分け隔てて考えることを嫌います。いずれの「分別」も嫌うのです。それは「縁起」の教えに代表されるように、あらゆる物事は複雑に関わり合って存在しているからです。仏教では、ほかの何物とも関わらずに存在しているものはないと説きます。身（からだ）と心（こころ）というように、いちおう私たちは区別しますが、身と心は分けることができないものです。私と環境（私を

24 身心依正　身心と環境世界。

取り巻く世界）というように分けて言うこともできますが、私と環境は密接に関わっていて切り離せるものではありません。存在と時間もそうなのです。分けることができないのです。現実はそのようであって、私たちはそのように生きているのです。そして道元にとって生きることとは「修行」です。仏道（仏の道）を修行すること、それが生きるということでした。

私たちはいったいどう生きていったらいいのか。その問いに、道元は、当然こう答えるはずです。仏道を生きてゆくのであると。歴代の仏たちが行ってきた行持、つまり修行を、そのまま私の修行として生きなさいと。その時、時間と空間と私が一つになり、私が仏と一つになるのであると。それは、次の、『正法眼蔵』「行持」の巻に示されているところです。

> この行持によりて、日月星辰あり、行持によりて、大地虚空あり、行持によりて依正身心あり、行持によりて、四大五蘊あり。行持、これ世人の愛処にあらざれとも、諸人の実帰なるべし。（中略）かの行持を見成する行持は、すなはちこれわれらがいまの行持なり。行持のいまは、自己の本有・元住にあらず。行持のいまは、自己に去来・出入するにあらず。いまといふ道は、行持よりさきにあるに

はあらず、行持現成(げんじょう)するをいまといふ。　　（一九一〜一九二頁）

〈もろもろの仏たちが、代々行ってきた修行を、この私も行う、そこに、太陽や月や星があり、大地があり、大空があり、この修行によって、私が生きてゆく環境世界があり、私のこの身体がある。この行持（修行）は、世間の人々が好むようなものではないが、帰着すべき安住のところである。（中略）このような行持を現し出す行持は、私たちの今の修行よりほかにない。修行している今は、自分の中に本来具わっているものではない。修行している今は、自分の中に入ったり出たりするものでもない。「今」という言葉は、修行より先にあるのでもない。こうして実際に修行しているのを、「今」というのである。〉

私たちには、いつでも「今」はあるのですが、道元には、修行している時以外に「今」はないというのです。道元にとっての「今」は、常に修行の時であるということなのでしょう。日常生活のすべてを、大切な修行として生きる道元であるからこその言葉です。

第二章のしめくくりでもお話ししましたが、私たちは「今」「ここ」「このこと」を生きています。私たちの人生はそれ以外にありません。日常生活の一時(ひととき)を、一つひとつの行いを、大切にして生きてゆきたいものです。どの一時もかけがえのない時間であり、どのような行いも、かけがえのない時間を生きているのですから、真剣に生きたいものです。

本章では、「有時」という言葉を取り上げて、道元の存在と時間についてお話ししました。道元の思想の中でも、実に難しい部分であり、充分な解説ができませんでしたが、存在と時間といった難解で哲学的な考察が、結局は単純な結論に到達するのです。それは、人生は「今」「ここ」「このこと」を「生きてゆく」ということの連続であり、そこに懸命になるしかない、それが「有時」ということの実践であると思われます。

第四章　全世界は心——「三界唯心」の巻

「全世界は心」というのは、〝この世に存在するあらゆるものは心〟という意味です。「全世界は心」などといいますと、物質的なものである世界（存在）と精神的なものである心（認識）が同じであるとはどのようなものであるかと思われるかもしれません。まずはその点をお話しする必要があります。

第二章でお話ししましたように、私たちは、私たちを取り巻く環境世界を六根（ろっこん）、つまり「眼（げん）・耳（に）・鼻（び）・舌（ぜつ）・身（しん）・意（い）」の六つの感覚器官（主観）で認識しています（四六ページ）。

また、やはり第二章でお話した「現成公案」の巻に示されているように（五〇～五二ページ）、「参学眼力のおよぶばかりを、見取・会取するなり」であって、私たちは自分の能力（感覚器官）の及ぶ範囲であらゆるものごとを認識しているということになります。

これは、仏教で言えば「唯識[1]」にあたりますし、西洋哲学で言えば「唯心論[2]」に近い考え方であるとも言えます。

世界は唯だ〝こころ〟のみである

通常〝こころ〟とは、〝こころが変わる〟とか〝こころを配る〟とか〝こころが痛む〟というように、「気持ち」や「思いやり」、「感情」や「意志」などのことを言います。ころころと変わってしまうのが〝こころ〟でもありますし、何があっても変わらない不動の〝こころ〟というのもあるでしょう。とにかく、ものごとを認識し、分別し、思惟(しゆい)し、判断する、といった意識のはたらきのことです。

仏教には人間の心理や認識の問題を分析し、深く掘りさげ、その深層をさぐり論理化しようとする「唯識」という教えがあります。その唯識学が専門の太田久紀(おおたきゅうき)[3]先生は、この〝こころ〟について次のように述べています。

私たちは自分の視力の範囲に見えてくるものだけを認識しています。見えないものは私たちの判断の条件とはなりません。私たちは紫外線や赤外線は見えませんから、そういう光でものを見ることはできませんし、したがって、青い空でも緑の樹木でも、赤いセーターでも紫外線や赤外線を含めた光線で、どのように見えるのか想像もつきません。つまり、見えている世界は、みな自分の可視範囲にあるもののみであるといえるわけです。その視力も唯識(ゆいしき)では、こころの一種と考えますので、こころがこころに映ったもののみを見ているということになります。

(『仏教の深層心理』有斐閣)

この部分は、仏教の唯識説の「世界はただ〝こころ〟のみである」という意味について、先の「六根」の中の「眼」(見る)というはたらきを例に挙げて述べられています。

唯識という教えの原点は、やはり仏教を開かれた釈尊にあると思います。釈尊の教えは基本的には〝こころ〟の教えであり、あらゆる苦悩や喜怒哀楽の根元を自分自身の内なる〝こころ〟に見て、その深い洞察のもとに、これらの〝こころ〟をコントロ

1 唯識　全ての存在は「識」すなわち「心」にすぎないとする教え。法相宗の根本教義。認識の対象は外にはなく識(心)の内にあると言う。識は眼・耳・鼻・舌・身・意の六識に加え、末那識(まなしき)、阿頼耶識(あらやしき)を加えた八識とする。　**2 唯心論**　唯物論に対する言葉。精神や観念、理性など心的なものを世界の本質、根源と捉え、物質的なものはその仮象に過ぎないとする立場をいう。

3 太田久紀(一九二八〜二〇〇七)　仏教学者。専門は唯識学。駒沢女子短期大学教授など。著書に『成唯識論要講』(全四巻)、『仏教の深層心理—迷いより悟りへ・唯識への招待』『凡夫が凡夫に呼びかける唯識』などがある。

ールすることの重要性を説かれた教えであると言えるからです。

そしてそれを学問的に体系化したのが、インドの弥勒[4]（マイトレーヤ）、無着[5]（阿僧伽＝アサンガ）、世親[6]（婆修盤頭、ヴァスバンドゥ、紀元四〜五世紀頃の仏教学者）といった大学者であったと言われます。特に世親はその大成者として有名です。これらの人によって体系化された唯識の教えは、人間の心理を追究し凝視し省察したすぐれた教説です。世界は唯だ〝こころ〟のみであり、「私たちは、ただ自分の能力の範囲で世界を認識している」と受け捉えるもので、たいへん興味深い仏教の教説の一つです。

同じ世界に生きていながら、別の世界を生きている

ところで、私たちは、同じ世界に生きていながら、別の世界を生きている、世界を全く同じに認識しているのではない、とも言えます。

私たちは、自分の感覚能力の範囲で外界（環境世界）を認識しています。ですから私たちはそれぞれに異なった認識をします。そして個々人が持つ意識や興味などによって、外界をそれぞれ異なって見ているとも言えます。言葉をかえれば、私たちは主観によって客観世界（対象）を認識しているのであって、客観世界は主観の反映であるということになります。

たとえば、同じ街に住んでいても、植物の好きな人は、どこにどんな木があって、いつどこにどんな花が咲くのか知っていますし、同じ道を歩いていても、多くの木や花や草に目がとまるものです。山の好きな人はよく山の名前を知っていますし、天体に興味のある人は〃あれはおおぐま座〃、〃あれはオリオン座〃などというように、よく知っています。同じ海を見ても、青春の思い出の場所としてほのぼのと見る人もいれば、かつて死線をさまよった恐怖の場所として見る人もいるでしょう。私たちは、それぞれが持つ感覚器官の条件や能力によって、自分を取り巻く世界を認識していいます。このように考えると、「世界は〃こころ〃の反映である」「世界は唯だ〃こころ〃のみである」という唯識の説もなるほどと思えるのではないでしょうか。

4 弥勒（マイトレーヤ）　インド大乗仏教の瑜伽行派（唯識派）の学匠。無着（注5参照）の師。『大乗荘厳経論頌』『中辺分別論頌』などの著作が中国とチベットで五作伝わり「弥勒の五法」と称される。**5 無着（アサンガ）**（三一〇頃～三九〇頃）北インド・ガンダーラ国プルシャプラ（現・ペシャワール）に生まれる。弥勒に師事し、瑜伽行派の諸説を整理して唯識思想を体系づけた。主著に『摂大乗論』『阿毘達磨集論』『金剛般若経論』などがある。**6 世親（ヴァスバンドゥ）**（四〇〇頃～四八〇頃）弥勒、無着に続く唯識派三大論師の一人。無着の弟。はじめ部派仏教に属し『倶舎論』を著したが、兄・無着に感化され大乗仏教に転じ、唯識思想を確立し唯識学派の大成者とも言われる。主著に『唯識三十頌』『唯識二十論』などがある。

『正法眼蔵』には表題に「心」の付く巻が多い

さて、この「全世界は心」という〝ものの見方〟を代表させて「三界唯心」の巻を選びましたが、ほかにも『正法眼蔵』には、表題に「心」の付く巻が多くあります。「身心学道」「即心是仏」「心不可得」「古仏心」「説心説性」「発無上心」「佗心通」「発菩提心」の巻です。表題に「心」の付く巻には、当然のことながら「心」に関する説示が多く見られますが、表題に「心」が付かない巻にも「心」に関する説示のある巻は少なくありません。また『辦道話』や『学道用心集』[7]『永平広録』[8]にも「心」に関する説示が見られます。それだけ「心」とは道元にとって重要な言葉であることがうかがわれます。

それらの中でも「全世界は心」というテーマに関わる重要な説示について、まず見てみましょう。

一切諸法・万象森羅(まんぞうしんら)、ともにただこれ一心にして、こめずかねざることなし。

（『辦道話』、一一一七頁）

〈一切のさまざまな存在や森羅万象は、ともに唯だ「一心」であり、これに含まれないことも兼ねないこともない。〉

ここでいう「一心」とは、私たちが通常用いている「心」（意識のはたらき）を指すのではなく、「全世界が心」という場合の「心」、それを「一心」と言ったものであると思われます。よって、すべての存在が一心であって、これに含まれないものも除外されるものもない、ということになります。つまり、意識のはたらきとしての「心」も「一心」に含まれるわけです。

「説心説性」の巻に、次のような説示があります。

心はひとへに慮知念覚（りょちねんかく）[9]なりとしりて、慮知念覚も心なることを学せざるによりて、

7『学道用心集』 天福二年（一二三四）頃の成立。学人に対して学道（修行）の心得を示したもの。**8『永平広録』**（十巻）道元の語録（上堂・小参・法語・頌古等）を弟子の懐奘・詮（せん）慧（ね）・義演らが編集したもの。「上堂」は法堂の法座に上がっての説法（大参とも）。「小参」はそれ以外の説法。家訓とも言う。「法語」は仏法の道理を語った言葉。「頌古」は祖師の遺した古則（公案）に偈頌（漢詩）をもって簡潔にその大意を表したもの。**9 慮知念覚** ものごとを認識したり思考したり判断したりするはたらき。通常いうところの〝こころ〟のこと。

かくのごとくいふ。　（五五六頁）

〈「心」とは唯だ慮知念覚とばかり思って、慮知念覚も「心」であることを学んでいないので、このように言うのである。〉

大慧宗杲（だいえそうこう）[10]の言葉を批判して述べられたもので、主語は「大慧宗杲は」になります。

この言葉は、大慧が「心」を単に「慮知念覚」として語っていることを批判した部分です。「心」というのは単に「慮知念覚」のことだけを言うのではなく、「慮知念覚」も「心」に含まれるものであって、「心」とはもっと広い意味をもつ言葉であることを示しています。

また、「即心是仏」の巻には、次のような説示があります。

いはゆる正伝しきたれる心といふは、一心一切法、一切法一心なり。　（五九頁）

〈正しく伝わってきた仏法における「心」というのは「一心一切法、一切法一心」である「心」である。〉

端的に言えば、「一心」というのは「一切法」である、ということです。ですから、「即心是仏」の巻には、この後に、

あきらかにしりぬ、心とは山河大地なり、日月星辰なり。（六〇頁）

〈あきらかにわかる、「心」とは山や河や大地であり、太陽や月や星である。〉

と示されています。

ところで、「心」は通常〝こころ〟と読み、我々が物事を知覚し認識し分別し思惟するはたらきのことを言います。また「意」とも「識」とも言われます。しかし、それも「心」なのですが、道元がいう「心」とは、「一心一切法、一切法一心」と言われるように一切の存在が「心」ですので、〝こころ〟と言わず、音読みで〝しん〟と発音することが多いのです。

10 大慧宗杲（一〇八九〜一一六三）　中国宋代の禅僧。公案（古則）を参究して得道（開悟）を目指す看話禅（かんなぜん）の大成者とされる。

「三界唯心」ということ

「三界唯心」の「三界」とは、仏教の禅定[11]に関わる説でインド仏教において非常に古くからあった説ですが、「欲界」(よくかい/よっかい)「色界」(しきかい)「無色界」(むしきかい)のことです。

「欲界」というのは、欲望のうずまく世界、欲望が支配する世界のことで、こころが散漫として禅定と呼べるような精神集中ができない世界のことを言います。私たちが住む通常の世界です。

「色界」とは仏教の禅定の世界です。禅定によってものごとを洞察したり、次第にこころの静まりを得ていく世界のことを言います。「色」というのは、物質的存在を意味しますが、この禅定が物質的存在である六境(色・声・香・味・触・法)を要素として存在するものを対象として行われるので「色界」と言われると考えられています。

「無色界」は物質の存在しない世界、物質を超えた精神的な世界とされます。極めて静まった、安定した精神世界と言えます。

しかし道元は、「三界は全界なり」(「三界唯心」巻、五四八頁)と示し、「三界」とは、物質的・精神的なものも全て含めた全世界のことであり、それが唯だ「心」であると言うのです。

この言葉は、決して、先程述べた「世界は〃こころ〃の反映である」「世界は唯だ〃こころ〃のみである」という唯識の説を否定するものではなく、このような受け捉えの上に立って、道元は、よりストレートな表現で示したのであろうと思われます。つまり、全世界は〃こころ〃の反映であるのではなく、端的に「全世界は〃こころ〃そのものである」と言い切るのです。そして、〃こころ〃を表す漢字の「心[12]」を用いて、全世界が「心」であると表現するのです。

あらゆる物事が「心」

先に述べた「一心一切法」という「心」は、森羅万象のすべて、すなわち山も河も大地も、太陽も月も星も、全世界・全宇宙が「心」であると示したものですが、全世

11 禅定　ジャーナの音写「禅那」の略語「禅」と、その意訳「定」を合成した言葉。心を一つの対象に集中し瞑想する修行。またそれによって身心が安定し動揺することがなくなった状態。仏道修行の三学（戒・定・慧）の一つであり、菩薩行の六波羅蜜（布施・持戒・忍辱・精進・禅定・智慧）の一つでもある。**12 心**　「心」という漢字にはいわゆる〃こころ〃という意味だけではなく、内容的な中心や物質的な中心（心臓）などの意味もある。

界・全宇宙という空間的存在だけではありません。次に挙げるような事物や事象の一つひとつも「心」であると言うのです。そのことを「三界唯心」の巻の説示に見てみましょう。

唯心は一二にあらず、三界にあらず、出三界にあらず、無有錯謬[13]なり。有慮知念覚なり、無慮知念覚なり、牆壁瓦礫[14]なり、山河大地なり。心これ皮肉骨髄[15]なり、心これ拈華破顔[16]なり。（中略）青・黄・赤・白これ心なり、長短方円これ心なり、生死去来[17]これ心なり、年月日時これ心なり、夢幻空華これ心なり、水沫泡焔[18]これ心なり、春華秋月これ心なり、造次顛沛[19]これ心なり。（五五一〜五五二頁）

〈唯心というのは、一とか二とか数えられるものではなく、また三界に限るものでもなく、かといって三界を出た外にあるのでもなく、ごくわずかの誤りもない。思慮や知覚があることもあり、思慮や知覚がないこともある。牆（垣根）や壁や瓦や礫（小石）など身近にあるものであり、山や河や大地もそうである。心とは皮肉骨髄であり、心とは拈華破顔である。（中略）青黄赤白という色もそのまま心であり、長短・方円という形も心であり、生死去来も心であり、年月日時も心であり、夢幻や空華（まぼろしの華）も心であり、水や沫や泡や焔も心

であり、春の華や秋の月も心であり、日常のわずかの間の出来事もみな心である。〉

このように、全世界が空間的に「心」であるばかりでなく、色や形や大自然のあらゆる現象も「心」であり、季節の移り変わりなどの時間も「心」であると言うのです。そして、私たちの〝こころ〟のはたらきも、当然のことながら「心」に含まれるわけです。

その「心」は煩悩欲望の「心」ではない

ところで、私たちの〝こころ〟のはたらきも「心」であるということになりますが、

13 無有錯謬　『法華経』「寿量品」の句。誤りがないこと。**14 牆壁瓦礫**　垣根・壁・瓦・小石。我々の生活の周辺に無造作にあるもの。**15 皮肉骨髄**　禅宗初祖、菩提達磨の四人の弟子の会得の浅い深いを表した故事にもとづく語。ここではそのような出来事も「心」であるとする。**16 拈華破顔**　釈尊が摩訶迦葉に法を伝えた故事。ここではそのような出来事も「心」であるとする。（第一章・第三章参照）**17 生死去来**　六道の間に生死を繰り返すこと。**18 水沫泡焔**　水の泡や炎。**19 造次顚沛**　わずかの間。

ここで注意すべきことがあります。中国の禅一般での「心」の捉え方と道元の捉え方とは、異なっているということです。

「即心是仏」という言葉があります。〃この心こそが仏にほかならない〃という意味です。中国唐代の偉大な禅者、馬祖道一[20]の言葉です。「仏」と言っても特別なものではない、それは私たちの「心」にあるということです。

また、同様の言葉として、有名な「平常心是道」という言葉があります。〃あたりまえの心こそが道にほかならない〃という意味です。平常のありのままの心、それがそのまま「道」であるというのです。これが馬祖の禅、ひいては中国の唐代の禅の基本的な教えといえます。あたりまえの「道」をあたりまえに生きていくということでしょうか。そして、これまで述べてきた「全世界が心」という、その「心」こそ「仏」であるということになります。

そのような中国の禅の教えを基本的には継承する道元ですが、ここで注意しておかなければならないのは、道元においては、その「心」とは煩悩欲望の〃こころ〃そのままではないということです。

中国唐代の禅では、「凡心」（迷いの心）とか「聖心」（悟りの心）とかの区別なく、修行によって迷いの心から悟りの心へと転換していくというようなことではなく、平常のありのままの〃こころ〃それがそのまま仏であるとし、平常のありのままの〃こころ〟で生きていく、それが「道」であるとするわけです。いわゆる「任運騰々（任運蕩々）」、縁に任せ、なにものにも捉われず自由に生きる、ということになりますが、道元の場合は、この点について重要な戒めが説かれています。「即心是仏」の巻から、再び引いてみましょう。

いはゆる即心の話をききて、癡人おもはくは、衆生の慮知念覚の未発菩提心[21]なるを、すなはち仏とすとおもへり。これはかつて正師にあはざるによりてなり。

（五六頁）

〈いわゆる「即心是仏」という話を聞いて、おろかな者たちは、衆生の慮知念覚の心、いまだ発菩提心していない心を、そのまま「仏」とするのだと思って

20 馬祖道一（七〇九～七八八）四川省什邡県の出身。出家ののち四川を離れ、南宗禅（第一章注18参照）の六祖慧能を嗣いだ南岳懐譲に出会い、その法を嗣ぐ。洪州（江西省）開元寺に入って教えを広め、弟子は八百人を超えたと言われる。八十八人とも言われる嗣法の弟子により多くの禅語録が生まれ洪州宗とも称された。その法は百丈懐海、黄檗希運へと伝えられた。**21 発菩提心**　菩提心（さとりの心）をおこすこと。「仏」の道を生きる心をおこすこと。道元の場合は「発心とは、はじめて自未得度先度他の心をおこすなり」（「発菩提心」の巻）とあるように「自未得度先度他」（みずからわたらざるさきに、他をわたす）の心をおこすことを言う。

いる。これはいまだに正しい師匠に出会っていないからである。〉

このように、衆生凡夫の煩悩妄想そのままの〝こころ〟を「心」と言うことや、それをそのまま仏であるとする安易な現実肯定を厳しく否定しています。つまり、すべてが「心」であると言っても――もちろんそのことには私たちの慮知念覚（認識するこころ）が関わっているのですが――煩悩・欲望の迷える〝こころ〟そのままを「仏」とするのでもなく、「心」と言うのではないと道元は戒めるのです。

発心によって世界の見方が変わる

このことは道元の教えを理解する上で重要な視点であり、中国の禅と若干異なっている道元禅の特徴だと言えます。このことは「発菩提心」の巻の、次のような説示にもうかがわれます。

> この発心よりのち、大地を挙すれば、みな黄金となり、大海をかけば、たちまちに甘露となる。これよりのち、土石砂礫をとる、すなはち菩提心を拈来するなり。水沫泡焔を参ずる、したしく菩提心を担来するなり。（九八一頁）

〈この発心（発菩提心）よりのち、大地にあるものを手に取れば、みな黄金となり、大海の水を注げば、たちまちに甘露の水となる。この発心よりのち、土石砂礫を手に取れば、それは菩提心（悟りの心）を手に取るのであり、水沫泡焔に接すれば、親しく菩提心に接することになるのである。〉

ここでは、「発心（発菩提心）よりのち」という部分が重要です。それ以下の部分は、すべてが素晴らしい世界になることを示しています。ここで示すように、「発心よりのち」大地が黄金となり大海が甘露となるのであり、「これ（発心）よりのち」土石砂礫や水沫泡焔が菩提心となるというのです。これらの意味するところは、発心よりのち大地が真に大地となり、大海はまさに大海となる、つまり、大地や大海をはじめとするあらゆる環境世界を、ほんとうに〝ありのまま〟に見ることが出来るということです。煩悩・欲望の心では、それらはゆがめられて見えてしまうということになります。

先の中国禅の「即心是仏」「平常心是道」といった教えにみられる〝ありのまま〟とか〝あたりまえ〟というのは、私たちの〝こころ〟が調えられていてこそ〝ありのまま〟に見え、〝あたりまえ〟に生きられるのであって、私たちの〝こころ〟が、我見・我執といったエゴの〝こころ〟であれば、世界はゆがめられた形で見えてしまうのであり、〝ありのまま〟に見ることはできない、ということになります。「発心」ということがあって、仏道修行が始まるのです。それに伴って世界の見方が変わります。仏道は「衆生の慮知念覚の未発菩提心」ではいけないのです。煩悩・欲望のままに生きていればよいのではないのです。「即心是仏」の巻には、「いまだ発心・修行・菩提・涅槃せざるは、即心是仏にあらず。」(六〇頁)と戒められています。

心が迷っていたら、世界も迷って見えますし、悲しい出来事があると世界も沈んで見えます。心が汚れていたら世界も汚れるのです。嬉しい出来事があれば世界も明るく輝いて見えますし、心がはつらつとしていれば、世界もはつらつとするのです。世界は心の反映であるからです。煩悩・欲望のありのままでいいとなれば、それは単なる現実肯定となりますし、世界も汚れてしまうのです。

修行とともに世界がある

『正法眼蔵』に「行持」という巻があります。「行持」というのは、前出のように、一生修行を持続していくことを言います。歴代の祖師の厳しい修行の様子が説かれている巻であり、『正法眼蔵』では最も長編の巻で、上・下に分けられています。

その「行持（上）」の巻に、興味深い説示があります。

この行持[22]によりて日月星辰あり、行持によりて大地虚空あり、行持によりて依正身心[23]あり、行持によりて四大五蘊[24]あり。（一九一～一九二頁）

〈日々の修行によって日月星辰があり、日々の修行によって大地や空間があり、日々の修行によって今の私や環境世界があり、日々の修行によって私たちの身心がある。〉

仏道修行は、まず仏の道を歩むという心を発（お）こし、日々の修行を行い、菩提（悟り）を得て、涅槃（寂静）の境界に入るというものです。道元は「発心・修行・菩

22 行持　日々続けられる修行のこと。一生修行を持続してゆくこと。また、発心・修行・菩提・涅槃という仏道修行の行程。　**23 依正身心**　依正は依報と正報のこと。過去世の業（行為）の報いに依って受ける依報（環境世界）と正報（私たちの身心）。いまの私と、私を取り巻く環境のこと。　**24 四大五蘊**　四大は地・水・火・風。一切のものを構成している要素。五蘊は、色・受・想・行・識。私たちの身体と心のはたらきのこと。ここでは四大五蘊で、私たちの身心（肉体とこころ）のことをいう。

提・涅槃、しばらくの間隙（かんげき）あらず、行持道環（どうかん）なり。」[25]（「行持（上）」巻、一九一頁）と示していますので、これらは一体のものであるということになります。ここでは「行持」を「日々の修行」と訳してみました。

日月星辰も大地虚空も依正身心も、日々の修行が行われていなくても存在しているわけですが、日々の修行を怠らず行っている道元にとっては、その修行の日々と全世界は一体のものであったのです。そのような道元にあってこそ、日月星辰も大地虚空も、自分自身も環境世界も、すべてが「心」であったと言えるのでしょう。

仏の道はやはり、その教えに従って正しく歩み、煩悩や欲望から離れなければなりません。それが基本になければ、仏教でも禅でもなくなってしまいます。だからこそ道元は発心・修行の大切さを強調するのです。仏の教え、すなわち戒律を守り、坐禅などの修行を行ずることが大切であり、その上で、全てを「心」として生きる生き方があってこそ仏道と言えるということです。

これまで、私たちは、自分の感覚能力の範囲で外界を認識し、それぞれの心の持ち方によって外界を異なってみているということを学びました。私たちは主観によって客観世界を認識しているのであって、客観世界は主観の反映であるとも言えるのです。

道元は、これをさらに徹底させて、世界は私たちの〝こころ〟そのものであり、ゆえに全世界・全存在・全時間を「心」と示したのです。

ここにはいくつかの重要な示唆があると思われます。

まとめてみますと、まず第一に、私たちは自分の感覚能力の範囲で世界を認識しているということです。自分が見たり、聞いたり、感じたりしているのがすべてではないということです。それ以外の世界があるということです。そのことをまず自覚していなければなりません。

そして第二に、そのような自覚を持ちながらも、自分が認識した範囲での世界を生きてゆくしかないということです。それ以外に、自分が生きる場所をさがし求めても決して得られないのです。

そして第三に、自分が認識した範囲での世界は、心のもち方、あり方によって変わりうるということです。

仏教は二千数百年にわたって、人間の心を観察し、追究して、私たちの〝こころ〟の実態を捉え、そこに迷いの〝こころ〟を究明し、それを目覚めの〝こころ〟に転換

25 道環　環(わ)の如くぐるぐるとめぐって終わりがないこと。仏道が環のように廻(めぐ)り、終わりなく連続していくさまを言う。

していく道を模索してきました。私たちの世界が、それぞれ自分が認識できる範囲のものであって、自分の〝こころ〟のもち方、あり方によって変わりうるのであるならば、私たちはよりよい環境世界を生きるために、まず自分の〝こころ〟をよりよい状態に調える必要があるのです。

第五章　人生は夢のようなもの

――「夢中説夢」「空華」の巻

禅僧はよく「夢」という墨蹟を揮毫[1]します。〝夢を持て〟〝夢を叶えろ〟ということではありません。〝人生は夢のようなもの〟という意味です。私たちが生きている世界は、まるで眠っているときに夢を見ているように、実体のないものだということです。

昔から人間は、自分が生まれてきたこの世界を不思議な世界だと思っていたはずです。今から二五〇〇年ほど前のインドの釈尊の時代に、ある青年が釈尊に「世界は有限であるのか、無限であるのか」と質問したという話が伝えられています。釈尊は青年に、そのような形而上学的[2]な詮索を止めるよう諭し、現実の苦しみの解決を第一とすべきことを教えています。おそらく当時のインドにおいては、北にあるヒマラヤ山

1 **墨蹟を揮毫**　「墨蹟」は本来中国で筆跡を指す言葉であったが、茶道の影響もあり、日本では主に禅林高僧の書を言う。「揮毫」は筆をふるうの意味で、書画をかくこと。

脈とその向こうにある世界は未知のものであり、神秘の世界であったことでしょう。南に広がる大海の遙か先はいったいどうなっているのか、それも誰にもわからない、やはり神秘の世界であったに違いありません。

現代を生きる私たちにとっても、地球や太陽系や銀河系といった、私たちが存在している世界のことを、ある程度は知ることができているものの、宇宙とはいったい何なのか、命とはいったい何なのか、解明できていないことが多く残されていると言えます。

この私たちの地球も、太陽系も何十億年後かにはなくなってしまうのでしょう。宇宙そのものも、遙か未来にはなくなってしまうのかもしれません。そんなことを考えると何か空しくもなりますが、今こうして存在していることも、夢のようなことかもしれません。

「夢中説夢」――夢の中で夢を説く

この「夢中説夢」の語は『大般若経』[3]巻五九六などに見られる言葉で、〝夢の中で夢を説く〟と訓読します。眠っているときに見る「夢」は現実ではありませんが、その夢の中で「今日、こんな夢を見たよ」と人に話しているわけですから、夢の中の夢、つまり現実とはかけ離れたことをいいます。何とも実体のない夢幻のこと、はかなく確かではないことです。

しかし、道元の「夢中説夢」という言葉の解釈はこのような一般の解釈とは異なっています。そこには道元の独特な世界観が示されています。本章では『正法眼蔵』「夢中説夢」の巻を中心に取り上げながら学んでみましょう。

仏道をならはざらんと擬（ぎ）する人は、この夢中説夢にあひながら、いたづらに、あるまじき夢草の、あるにもあらぬをあらしむるをいふならし、とおもひ、まどひにまどひをかさぬるがごとくにあらん、とおもへり。しかにはあらず。たとひ迷（めい）中又迷（ちゅううめい）[4]といふとも、まどひのうへのまどひと道取せられゆく道取の通霄（つうしょう）の路（ろ）[5]、まさに功夫参学すべし。　（三七〇頁）

2 **形而上学**　事物の本質、存在の根本原理、絶対存在を思惟あるいは直観によって探求しようという学問。その対象は神、世界、霊魂など形がなく、抽象的、普遍的、理念的なもの。俗には現実から遊離した抽象的な学問を言う。　3 **『大般若経』**　『般若経（摩訶般若波羅蜜多心経）』は初期の大乗仏教経典群。摩訶はすぐれていること、般若は智慧、波羅蜜多は完成の意で、「一切皆空」の思想を説く。その中で最大部のものが『大般若経（大般若波羅蜜多経）』で、玄奘（六〇二？～六六四）によって漢訳された。全六百巻。約五百万字。現在でも日本の寺院で、各巻広げるごとに一言呪を唱え、全巻読誦（どくじゅ）に代える「転読」が行われている。

〈仏法を学ぼうとするのでない偽者(にせもの)は、「夢中説夢」の教えに会いながら、いたずらに〝あるはずもない夢草が、あるわけでないのに、あるように錯覚しているのを「夢中説夢」と言うのであろう〟と思い、あたかも迷いに迷いを重ねるようなことであろうと思っている。そうではない。たとえ「迷中又迷」という言葉であっても、〝迷いの上の迷い〟と言われているその言葉が、天空に通じる道(仏道のあり方)であることを、よくよく学ぶべきである。〉

すなわち、通常「夢中説夢」という言葉は、〝夢の中で夢を説く〟こと、現実には無いものを有るように錯覚してしまうことを言うのであると考えられているけれども、そうではない、と言うのです。そして、同じような意味の言葉に「迷中又迷」という言葉があるけれども、この言葉も通常解釈されるような〝迷いに迷いをかさねる〟というような意味ではない、とも言います。

それでは、どういう意味かというと、「迷中又迷」という言葉は、〝仏道のあり方〟を指すのであり、「夢中説夢」も同様だというのです。「迷中又迷」というのは、迷いの上のまた迷い、迷いをかさねることを言いますが、徹底的に迷っていくということです。徹底的に迷っていくとは、道元の場合、自分の考え方をやめて、仏の教えに任せていくことを言います。それが〝仏道修行のあり方〟であると言うのです。

私たちは、〝自分の思い〟と異なっていることについて、果たしてそれで良いのかと迷います。しかし〝自分の思い〟が正しいとは限りません。その〝自分の思い〟をやめて、仏の教えに任せていく、そこには迷いや不安も出てくるわけです。しかし、その迷いや不安の中で、あえて仏の教えに従って生きてみる、それこそが大切であると僧侶である私は思います。

将錯就錯──錯りを将って錯りに就く

「迷中又迷」と同じ意味の言葉に「将錯就錯（しょうしゃくじゅしゃく）」という言葉があります。「錯（あやま）りを将（も）って錯りに就（つ）く」と訓読し、通常は、誤りに誤りを重ねていくことを言います。しかし、この言葉についても道元は「迷中又迷」と同様に、独特の解釈をしていると思われます。

4 迷中又迷　迷い上のまた迷い。迷いを重ねること。しかし道元はそのような一般的な解釈をせず、一つのことを究め尽くしていく意味に解釈している。**5 通霄の路**　天空に通じるみち。ここでは仏の世界に通じる道、仏の生き方、仏のあり方を言う。

仏仏祖祖、いまだまぬかれず保任しきたれるは、即心是仏のみなり。しかあるを、西天には即心是仏なし、震旦にはじめてきけり。学者おほくあやまるによりて、将錯就錯せず。将錯就錯せざるゆゑに、おほく外道に零落す。

（「即心是仏」巻、五六頁）

〈歴代の仏祖がたが、今にいたってなお保ち護って来ているのは、即心是仏だけである。そうであるのに、インドではこの「即心是仏」という言葉はない、中国ではじめて聞かれるようになった、と多くの学者が誤って理解しているので、「将錯就錯」しないのである。「将錯就錯」しないから、多くが外道におちぶれてしまうのである。〉

「即心是仏」の巻の冒頭の説示です。ここでは「将錯就錯」という言葉が、肯定的に用いられているのがわかります。「将錯就錯」しないからだめなのだ、と言われています。この「将錯就錯」を道元がどのような意味で用いているのかが問題となるわけですが、〝誤りの中で、さらに誤っていく〟〝誤りに誤りを重ねていく〟というような単純な意味ではないようです。ではどういう意味なのかというと、やはり「迷中又迷」と同様、仏の教えを究め尽くしていく、という意味で用いられていると考えるべきでしょう。

なぜそのような意味になると考えられるかといいますと、「坐禅」に関する「被レ碍ニ兀地一」（兀地に碍えらる）という表現がその手がかりになります。第一章で紹介した、道元が中国から帰国した嘉禄三年（一二二七）に、坐禅をひろく人々に勧めるために、坐禅の意義と作法を示した『普勧坐禅儀』（流布本）に、この語がみられます。「兀地」というのは〝山のように、どっしりと動かないこと〟を言い、どっしりと坐禅をしている様子です。「碍えらる」というのは〝邪魔される〟ことです。つまり「兀地に碍えらる」というのは、〝坐禅に邪魔される〟ということです。坐禅に邪魔される、というのは、何をしようとしても坐禅に邪魔されてしまって坐禅以外何もできないということで、ひいては、もっぱら坐禅をすることを言います。独特な表現です。

スティーブ・ジョブズ[6]は、スタンフォード大学の卒業式に招かれてのスピーチ[7]の最後に卒業生たちに「Stay hungry, Stay foolish」というメッセージを送っています。

6 スティーブ・ジョブズ（一九五五～二〇一一）　アメリカの企業家、発明家。リード大学中退後、ウォズニアックとアップルコンピュータ社（現・アップル社）を設立、パーソナルコンピュータ（PC）を売り出した。その後もディスプレイ一体型のPC「iMac」や携帯型音楽プレーヤー「iPod」、スマートフォン「iPhone」などの開発を主導。癌により亡くなった。日本の禅に興味をもっていたことは有名。

〝貪欲であれ、愚直であれ〟とでも訳したらよいでしょうか。禅宗でよく読誦される禅籍に『宝鏡三昧』があります。その末尾に、「潜行密用は愚のごとく魯のごとし、ただよく相続するを主中の主と名づく」と示されています。「潜行密用」とは人知れず密かに行うことです。「愚」も「魯」も、愚かで鈍いという意味です。他人に知られずとも、誰にも認められなくても愚直にコツコツと修行する、人から見れば〝ただ坐っていて何になるのか〟と思われるような坐禅をひたすら黙々と行っていく、愚かなように見えるかも知れませんが、禅僧にとっては、そこに大きな意義があります。その行いが他人から見れば愚かなようなことであっても、そこに素晴らしい意味があるのです。

「夢中説夢」（夢の中で夢を説く）というのは、現実とかけ離れた愚かなことであるかも知れません。しかし道元は、そこにこそ現実があると言うのです。その点を「夢中説夢」の巻に戻ってもう少しみてみましょう。

仏の世界は、私たちが住む現実の世界のほかにはない

夢中説夢は諸仏なり。諸仏は風雨水火なり。この名号を受持し、かの名号を受持す。夢中説夢は古仏なり。乗此宝乗、直至道場なり。直至道場は、乗此宝乗中な

り。　（三七〇頁）

〈夢中説夢は諸仏である。諸仏というのは風や雨や水や火のことである。この呼び名を受け、あの呼び名を持っている。夢中説夢は古仏（まことの仏）である。『法華経』に「乗此宝乗、直至道場」（この宝の乗り物に乗って、ただちに仏の道場に至る）とあるが、ただちに至るという仏の道場は、この宝の乗り物の中にあるのである。〉

この夢のような現実の世界が諸仏そのものであると言います。諸仏というのはほかでもなく、私たちの眼前にある風や雨や水や火がもろもろの仏であるというのです。つまり、もろもろの仏が様々な姿で現れ、風や雨や水や火などいろいろな呼び方がされているわけです。現実の世界こそ、もろもろの仏の世界であり、この現実の世界こそ仏のおられる世界なのです。

「乗此宝乗、直至道場」という言葉は、『法華経（ほけきょう）』「譬喩品（ひゆぼん）」[8]のなかに出てきます。

7　スタンフォード大学の卒業式に招かれてのスピーチ　二〇〇五年六月、スティーブ・ジョブズが行ったスピーチ。自らの半生を交えたスピーチは今も名演説とされ、書籍やウェブ上で見ることができる。「Stay hungry, Stay foolish」は演説の最後をしめくくる言葉。

「此の宝乗に乗って、直に道場に至る」と訓読します。〝釈尊は、宝で飾られたすばらしい乗り物に私たちを乗せてくれて、ただちに悟りの道場に連れていってくれる〟という意味です。しかし道元はこの言葉に、特別な解釈をしています。「直至道場は、乗此宝乗中なり」と言うのです。〝釈尊が直ちに連れていってくれるという道場は、今乗っているこの乗り物の中にある〟〝この乗り物こそが仏の道場である〟という意味です。つまり、釈尊がどこかすばらしい世界に連れていってくれるのではなく、仏の世界は、私たちが住む現実の世界のほかにはない、ということなのです。

「空華」――空中に咲く幻の華

さて、『正法眼蔵』に「空華[9]」の巻があります。この巻には「夢中説夢」と同様の趣旨の教えが説かれています。「空華」とは、空中に咲く幻の華のことです。実際はないのに、あるように見えるのです。しかし道元はこの「空華」にも独特な解釈をします。「夢中説夢」の解釈なども一貫した、道元独自の世界観です。読んでみましょう。

如来道[10]の、翳眼所見は空華、とあるを、伝聞する凡愚おもはくは、翳眼といふは、衆生の顚倒のまなこをいふ、病眼すでに顚倒なるゆゑに、浄虚空に空華を見聞するなり、と消息す。この理致を執するによりて、三界・六道[11]、有仏・無仏、みなあらざるをありと妄見する、とおもへり。この迷妄の眼翳、もしやみなば、この空華みゆべからず、このゆゑに空本無華と道取する[12]、と活計するなり。あはれむべし、かくのごとくのやから、如来道の空華の時節始終をしらず。諸仏道の翳眼空華の道理、いまだ凡夫・外道の所見にあらざるなり。諸仏如来、この空華を修行して衣座室をうるなり、得道・得果するなり。拈華し瞬目する、みな翳眼空華の現成する公案なり。正法眼蔵涅槃妙心、いまに正伝して断絶せざるを、翳眼空華といふなり。

（一七三〜一七四頁）

8「譬喩品」　『法華経』に説かれる七つの喩えの一つで、「三車火宅の喩」と言われる。煩悩や苦しみに満ちた世を燃える家（火宅）に、その家の中で遊ぶ子供を衆生に喩える。火宅から子供たちを助ける父を衆生を教え導く仏に喩えた。**9 空華**　眼の病気などによって空中に見える実存しない花のこと。道元は『円覚経』や『首楞厳経』からこの語を引用している。**10 道**　「言う」という意。〝おっしゃる〟と訳した。**11 六道**　衆生が前世や現世での業（行い）によって生死を繰り返す、天道、人道、修羅（阿修羅）道、畜生道、餓鬼道、地獄道の六つの世界のこと。六趣とも。六つの世界を永遠にめぐることを輪廻といい、悟りを得れば、輪廻の世界から出られる（解脱）とした。**12 道取する**　「言う」という意。「取」は助字。

〈「翳眼が見るものが空華である」と如来がおっしゃっているのを伝え聞いた愚か者たちは、「翳眼」というのは、衆生の妄想の眼（まなこ）を言うのであり、病気の眼が妄想を見てしまうので、清らかな空間に幻の華（花）を見るのだ、と思ってしまう。このように理解するところから、三界（欲界・色界・無色界）・六道（地獄・餓鬼・畜生・修羅・人間・天上）も、仏があるとか、ないとかも、みな無いものを有ると錯誤（さくご）して見ていると思っている。この迷妄の眼翳（眼のかげり）がもし治れば、この幻の華を見ることがない、だから「空本無華」（虚空に本来華は無い）と言うのだと理解してしまうのである。かわいそうなことだ、このような連中は、如来がおっしゃる空華の現れる時の始終を知らない。諸仏がおっしゃる「翳眼空華」の道理は、凡夫（衆生・凡人）や外道（仏教以外の考え方の者）が考えるようなものではないのである。諸仏如来は、この空華の世界の中で修行して、衣座室（如来の部屋に入り、座り、衣をまとうこと）を得るのである。仏道を会得し、証果（悟りという結果）を得るのである。釈尊が華をつまんで、まばたきをして摩訶迦葉に法（正法眼蔵涅槃妙心）を伝えたのも、「翳眼空華」が現れた公案（絶対の真理）である。「正法眼蔵涅槃妙心」が現在に正しく伝わって断絶しないことを、「翳眼空華」というのである。〉

「空華」とは、先述のように眼を患ったものが空中に見る実存しない華のことです。眼を患っているから、実際にはない空中の華を見るという意味です。具体的に何を譬(たと)えているかと言うと、仏教の一般的な解釈では、凡夫は迷いの眼で世界を見るので、そこに三界とか六道という迷いの世界が現れるということです。迷いがあるから、ないものをあると見てしまう、という意味になります。

しかし、道元は「空華」とはそのようなことではないと言います。「空華」とは夢幻ではなく、「空華」こそ現前の事実であるというのです。続いて「空華」の巻から引いてみましょう。

この現実の世界のほかに全く別な理想の世界はない

いま凡夫の学者おほくは、陽気のすめるところ、これ空ならんとおもひ、日月星辰のかかれるところを空ならんとおもへるによりて、仮令(けりょう)すらくは、空華といはんは、この清気(せいき)のなかに、浮雲のごとくして、飛華(ひけ)の、風にふかれて東西し、および昇降するがごとくなる彩色のいできたらんずるを、空華といはんずる、とおもへり。(中略)眼翳(げんえい)によりて空華ありとのみ覚了して、空華によりて眼翳あらしむる道理を覚了せざるなり。(中略)おろかに翳を妄法(もうぼう)なりとして、このほか

（一七四～一七五頁）

に真法ありと学することなかれ。

〈凡夫の学者の多くは、晴れ晴れと空気が澄んでいるところ、それが「空」であろうと思い、太陽や月や星が浮かんでいるところを「空」であろうと思っているので、おそらくは、「空華」というのは、この清らかな大気の中に、浮雲のように、飛んでいる華が、風に吹かれて東西に飛び、昇降するような彩色が出現するのを「空華」というのであると思っている。（中略）眼の病気によって空華があるとばかり思って、空華によって眼の病気が起こっている道理がわかっていない。（中略）愚かにも、翳（眼のかげり＝現実の世界）を妄法（迷妄、心の迷い）であるとして、このほかに真法（真実のあり方）があると学んではいけない。〉

ここで示されている学者とは、修行者のことですが、その学者の思う「空華」というのは、今日で言う飛蚊症[13]や閃輝暗点[14]のような病気なのでしょうか。私自身が患っていますのでそのように推測するのですが、実際はあるはずがないものがチカチカと見えたり、空中を飛んでいるように見えるのです。修行者が思っている眼病としての「空華」というのは、それに類似したものを言うのでしょうか。

しかし、道元が言う「空華」とは、それを認めながらも、それを排斥しない立場に立っていると私には思われます。「眼翳」（眼の病気）とは「迷い」を喩えたものであると考えられます。「眼翳によりて空華ありとのみ覚了して、空華によりて眼翳あらしむる道理を覚了せざるなり」とは、迷いがあるから、ないものをあると見るのではなく、まことにある（現存する）同じ現実の世界で、凡夫は凡夫として迷い生きている、現存する同じ現実の世界で、仏は仏として目覚め生きている、ということです。この現実の世界で、迷っているのが凡夫であり、目覚めているのが仏である、ということになると思われます。

私たちには現実の世界があります。現実の生活があります。この現実の生活のほかに、真実の世界を求め、見つけようとしても、そのような世界は、どこを探してもないのでしょう。現実の生活を生きるしかないのです。

それでは、その現実の生活をどう生きるかが、問題だということだと思います。迷いの中で生きれば、それは凡夫の世界、目覚めの中で生きれば、そこが仏の世界といえます。

13 飛蚊症　物を見ている時に黒い虫のようなものが動いて見える症状のこと。**14 閃輝暗点**　視野の中央部に、輝く点が現れ、ぎらぎらとした稲妻のような模様が波紋状に徐々に拡大し、見えない部分が生じる視覚症状のこと。閃輝性暗点とも。

梅華こそ優曇華であった

「華」といえば、道元は梅の華がとても好きだったようです。『正法眼蔵』には「梅華」という巻もあります。この巻は、梅の華に因んだ師の如浄禅師の言葉を道元が解説したものですが、この中で道元は如浄を讃え、如浄と出会えたことを歓喜し、そして自らが如浄禅師の仏法を嗣ぐことができたことを無上の喜びとしていることがうかがわれます。

雪裏の梅華は一現の曇華なり。ひごろはいくめぐりか我仏如来の正法眼睛を拝見しながら、いたづらに瞬目を蹉過して破顔せざる。而今すでに雪裏の梅華まさしく如来の眼睛なりと正伝し承當す。（七〇八頁）

〈あの、雪の中に咲いている一輪の梅華こそ、三千年に一度華咲くという優曇華であった。日頃、何度も何度も、梅華を見ながら、それがまさに釈尊の説法であることに気付くことがなかった。その昔、釈尊が華を拈じてまばたきした時に、迦葉尊者ただ一人が、その心を悟ってにっこりとほほえんだというが、私はただ茫然と、釈尊のまばたきにも似た梅華の説法を見すごして迦葉尊者のように、にっこりとほほえむことができなかった。しかし、今すでに如浄に出会い、教えをうけて、雪の中に咲いている一輪の梅華が、まさに如来の眼であると知り、そのことをしっかりと受け止めることができた。〉

道元は中国で如浄に出会って正伝の仏法に出会うまでは、雪の中に咲く梅華を、普通の梅華と見ていた。しかし如浄の教えをうけて、「なんと、この日頃見ていた梅華が、三千年に一度華咲くという優曇華だったのか」と気づくことができたというのです。毎年何気なく見ていた梅華が「それ見よ、それ見よ」と仏法を表現していたのだと悟ったというのです。

この話も、現実のすばらしさを発見した話であると言えます。夢のような世界以外に現実はなく、空華こそ真実であると認める立場です。また、梅華を優曇華と見ることができたということの話は、ほかならないこの自分こそ仏であるということを知り、この自分を仏として行じ続けてゆく道を見つけられたということを言っているものでもあると思われます。

夢も現実も、ともに実相

この章の終わりに、再び「夢中説夢」の巻に戻ってみましょう。

諸仏の妙法は、ただ唯仏与仏[15]なるゆゑに、夢・覚の諸法[16]、ともに実相なり。覚中の発心・修行・菩提・涅槃あり、夢裏の発心・修行・菩提・涅槃[17]あり。夢・覚おのおの実相なり、大小せず、勝劣せず。（三七五頁）

〈諸仏の素晴らしい教えは、ただすべてが仏たちの世界での教えであるから、夢の世界での諸法も、覚（現実）の世界での諸法も、ともに実相（真実の世界）である。覚の中の発心・修行・菩提・涅槃がある。夢の中の発心・修行・菩提・涅槃がある。夢も覚もそれぞれ実相（真実の世界）である。尊大であるとか卑小であるとかはなく、勝れているとか劣っているとかもない。〉

仏の世界での見方では、夢も現実もありません。すべてが実相で、ありのままの世界なのです。諸仏の世界というと、それは聖人の世界であり、悟りの世界であると思ってしまいますが、実は諸仏の世界には、凡（凡人）も聖（聖人）もなく、迷いも悟りもないのです。〝悟り〟というのも、所詮〝迷い〟の世界でのことであり、迷いや悟りがあるのは、迷いの世界での様子ということになります。喩えが適切かどうかわかりませんが、この世界がすべて金（黄金）でできていたら、金を貴重なものとして認識することはなく、金に執着することもないでしょう。すべてが金であり、金で満ちあふれているのですから。

人それぞれに道がある

さて、この世界には、いろいろな人がいます。さまざまな人種があり、女であるとか男であるとか、若い人、年を取った人、健康な人、病気を抱えている人、いろいろな人がいます。さまざまな仕事があり、人々の生き方もさまざまです。

幻聴を聞いたり、幻覚を見たり幻臭をかいだりする人がいます。そうでない人から

15 唯仏与仏　「唯だ仏と仏と」と訓読する。すべてが仏、すべてが仏の世界の意。**16 諸法**　あらゆることがら。あらゆる存在。**17 発心・修行・菩提・涅槃**　仏道修行の行程。仏道修行は、先ず仏の道を歩むという心を発こし、日々の修行を行い、菩提（悟り）を得て、涅槃（寂静）の境界に入る。

すれば、それは異常なことであって、病気であると捉えます。確かにそうかも知れません。しかし、本人にとっては確かに聞こえるのであり、確かに見えるのです。「空華」を現前の事実であると捉える道元は、それをそのまま認めるに違いありません。それを障がいであるとして、異常であるとして、疎外することはしないはずです。

道元に言わせれば、それは本人にとってそうであるのだから、それが事実であるのだから、なるでしょう。それは本人にとってそうであるのだから、それが事実であるのだから、

道元に言わせれば、おそらく「障がい者」でもなく「異常」でもないということになるでしょう。それは本人にとってそうであるのだから、それが事実であるのだから、ありのままに生きていけばよい、ということになります。人はそれぞれです。人それぞれにその人なりの生き方があります。人生には正常も異常もない、それぞれがそれぞれの日常を生きているだけです。人生には成功も失敗もない、それぞれの日常があるだけだと思います。その日常のほかに生きる場所はありません。その日常を仏の世界にしなければならない、理想の世界にしなければならない、というのが道元の教えであると私は受け取っています。

私たちのこの日常こそ「夢中説夢」であり「空華」であることになるのです。

第二章でお話ししたように、私たちは、自分の感覚器官の能力の範囲で、ものを見たり、声や音を聞いたり、暑さや寒さを感じたりしています。それは千差万別であり、千人が千人、万人が万人、違っているのです。多様性を認めながら、自分にとっての現実を生きていく、それでよいわけです。

自分にとっての現実を、前向きに正しく生きていく、それが仏の道の生き方でもあるのです。

第六章　坐禅の心得と作法――「坐禅儀」の巻

『正法眼蔵』「坐禅儀」の巻は、道元が京都から越前（現・福井県）に移った寛元元年（一二四三年）、道元四十四歳の時、十一月に吉峰寺（きっぽうじ）というお寺で示されたものです。

道元は二十四歳の時に中国（宋）の国に渡り（留学し）、丸四年ほど修行しました。二十八歳の時に日本に戻った年に、坐禅の意義と、坐禅の作法を示した『普勧坐禅儀』を書きますが、のちに再び、坐禅の作法や心得について、この『正法眼蔵』「坐禅儀」の巻を越前で示したのです。弟子たちはみな、坐禅の仕方、作法は知っていたわけですが、再び作法を中心にこの「坐禅儀」という巻を説いたのは、新天地にあって、まだ坐禅の仕方を知らない人たちに向けて、あらためて教えたということでしょうか。みなさんの中に、坐禅を始めようとする人がいれば、初心者向けの、わかりやすい、最適の書だと思います。

ここであらためて『正法眼蔵』という著作について説明すると、『正法眼蔵』は約九十五の巻がある法語の総題（全体のタイトル）で、それぞれ「正法眼蔵現成公案」

とか「正法眼蔵摩訶般若波羅蜜」や「正法眼蔵 〇〇」というように、みな「正法眼蔵」という語を頂いていますが、「仏性」や「身心学道」や「即心是仏」など、いろいろな巻があります。

繰り返しになりますが、「正法眼蔵」という語は、簡単にいえば〝正しい教え〟〝正しい仏法〟というほどの意味で、よってそれぞれの巻は、正しい仏法における、題目に挙げた言葉の意味を示すのだという、道元の思いが表明されているものだと言えます。よって、「正法眼蔵坐禅儀」というのは、正伝の仏法における「坐禅儀」、正しい仏法における坐禅の仕方、ということになります。「儀」とは「儀則」「作法」のことです。

この巻は、比較的短編の巻ですので、その全体を読んでみましょう。

坐禅する環境をととのえる

参禅（さんぜん）は坐禅（ざぜん）なり。坐禅は静処（じょうしょ）よろし。坐蓐（ざにく）あつくしくべし。風煙（ふうえん）をいらしむることなかれ、雨露（うろ）をもらしむることなかれ、容身（ようしん）の地（ち）を護持（ごじ）すべし。

（一四二頁、以下この章での引用は一四二〜一四四頁より）

〈参禅とは坐禅をすることである。坐禅は静かな場所でするのが良い。座布団を厚く敷きなさい。風や煙が入ってくるような場所はいけない。雨や露が漏れてくるような場所はいけない。坐禅をする適切な場所を確保しなさい。〉

「参禅は坐禅なり」——参禅というのは、禅に参じる、と書きますが、この「禅」とは、広く禅宗（臨済宗[1]・曹洞宗・黄檗宗[2]）では、「坐禅」に限らないのです。作務（労働）をすることも、食事をすることも、歩くことも、みな「禅」と捉えます。もちろん曹洞宗でも同様の考え方があるわけですが、この「参禅は坐禅なり」という冒頭の言葉にあるように、「坐禅」を大切にしています。「参禅というのは、やはり坐禅をすることなのだ」「坐禅が第一」、修行においては「坐禅ファースト」なのだということです。

「坐禅は静処よろし」——「坐禅」は静かなところでするのがよい。これは当然のことですが、黙って静かに坐るので、わずかな音や声も気になります。とはいえ、坐禅の時には、聞こえてくるものに一々とらわれてはいけない、聞こえてくるままに、それを、あるがままに受け取り、ありのままに受け取って、心を動かされない、ということが大切であるわけです。しかしそれでもなるべく、騒音がないところの方がよりよい環境であり、坐禅をする場所は、やはり静かな所がよい、ということです。

「坐蓐あつくしくべし」――「坐蓐」というのは、座布団のことです。座布団を厚く敷きます。正式には、坐蓐の上に「坐蒲」（丸い布団）をおいて、その上に坐ります。

「風煙をいらしむることなかれ」――風や煙が入ってこないようにしなさい。隙間風が入ってきたり、さまざまな煙が入ってくるような場所はよくないですね。私が永平寺で修行していた頃、「経行廊下」[3]という場所でよく坐禅をしておりましたが。冬には障子戸の隙間から、雪が舞い込んでくる、そんな中で坐禅をしていたことを懐かしく思い出します。ですが、そういう場所で坐禅するのは良いとはいえない。道元の頃の永平寺はなおさらで、雪が衣を湿らすこともあったと思います。やはり、冬は暖かいところで、夏は涼しいところで坐禅をするのがよいわけです。「風煙」の「煙」と

1 **臨済宗**　中国南宗禅の系統で、唐代の臨済義玄を開祖とする。日本へは栄西（第一章注12参照）が伝えて以来広がりを見せ、室町時代は幕府の保護を受け京都五山を中心に栄えた。江戸時代の白隠慧鶴（一六八五〜一七六八）が中興の祖といわれる。曹洞宗の黙照禅に対し、公案（問答）によって悟りを開く看話禅（公案禅）が特徴。現在、主な宗派は妙心寺派など十四派が存在する。　2 **黄檗宗**　中国福建省黄檗山萬福寺の僧隠元隆琦（一五九二〜一六七三）が開祖。長崎の興福寺の僧に招かれて一六五四年に来日、江戸幕府に宇治の地を与えられ黄檗山萬福寺を開いた。中国風の仏像や建築、料理や修行様式などを伝え、文化面でも影響を与えた。　3 **経行廊下**　永平寺では新倒（初心者）の僧が坐禅を行う場所。経行は、原語の意味は歩くこと。インドでは健康法として行われた。禅宗においては坐禅と坐禅の間に眠気や足の痛みを取るために行われる。

いうのは、台所などで煮炊きをする煙、あるいは調理をする、その料理の匂い、というような意味もあると思います。坐禅をしていて、特にお腹がすいている時など、料理の匂いがしてくるというのは、よくないのです。坐禅どころではなくなってしまいます。

「雨露をもらしむることなかれ」——雨や露が漏れてくるようなところは良くない。私の自坊でも、二、三十年くらい前までは、大雨が降りますと、何カ所かで雨漏りがしました。バケツやらタライなどを置き、ぞうきんを入れて落ちてきた雨水が飛び散らないようにして、しのいだものです。今でも豪雨になると、雨漏りがするところがあります。昔の修行道場やお寺では、なおさらのことで、坐禅をしている時でも、雨水が天井から落ちてくる。そうすると坐る場所を変え、また、その場所にも雨水が落ちてくると、場所を移動する。そんなふうにして坐禅をしたのだ、ということを聞いたことがあります。それでは、ゆっくり坐禅が出来ないわけですね。したがって、できるかぎり修理をして、「雨露を漏らすこと」がないようにするのは、やはり大切なことです。

「容身の地を護持すべし」——これは、以上のように、坐禅に適した場所を確保しなさい、ということです。「容身」の「容」というのは「容れる」(受け入れる)ということで、「身を容れる」、体をその場所に置く、ということです。ここでは「坐禅する場所」という意味になります。

これらは、昔の、道元のころの修行道場の様子を背景に示されたものです。今は、隙間風や雨漏りを気にすることもなく、坐禅に親しむことができるのは幸せなことです。

かつて金剛のうへに坐し、[4]盤石[5]のうへに坐する蹤跡あり、かれらみな草をあつくしきて坐せしなり。坐処あきらかなるべし、昼夜くらからざれ。冬暖夏涼をその術とせり。

〈かつて釈尊は金剛座の上で坐禅し、修行僧たちは大きな岩の上で坐禅したと伝えられている。彼らはみなその上に草を厚く敷いて坐ったのである。明るい

4 金剛のうへ（上）に坐し　釈尊の故事。釈尊は菩提樹（釈尊がこの樹の根元に坐り菩提（さとり）を開かれたので菩提樹という）の下に坐って坐禅（禅定）して成道されたといわれているが、その時釈尊が坐禅されていた地面が盛り上がって金剛座（金剛の座席）が出来たという故事がある。金剛というのは、非常に堅い岩石のことを言うが、非常に堅く何物にも壊されることのないものということで、〝仏の智慧〟や〝禅定〟にも喩えられる。　**5 盤石**　巨大な岩。特に上が平らな大きな岩は、坐禅をする場所として好まれた。

ところで坐りなさい。昼も夜も暗いところで坐るのはよくない。冬は暖かく夏は涼しく工夫して坐りなさい。〉

「かつて金剛のうへに坐し、盤石のうへに坐する蹤跡あり、かれらみな草をあつくしきて坐せしなり」——古くインドでは、たいがいは野外で、大きな木の下や大きな岩の上で坐禅をしました。野外で坐禅をする場合、野生の動物もいるので、大きな木を背にして坐ったり、大きな岩の上に登って坐るというのは、安全のためであったのでしょう。

道元は、京都から越前の山中に移り、まず吉峰寺という古寺に身を寄せるのですが、「坐禅儀」の巻を示されたのも、この吉峰寺というお寺です。後述するように、巻の末尾の奥書には「越州吉田県吉峰精舎示衆」とあります。「吉峰精舎」とは、「吉峰寺」のことで、この吉峰寺には「坐禅石」（道元が坐禅をされたという大きな石）が今でも遺っております。また、道元を慕って中国からやってきた寂円[6]という方がおられますが、道元が亡くなって八年後に永平寺を去り、木ノ本（このもと）というところ（現・福井県大野市）に分け入り、盤石（大きな岩）を見つけて、岩の上で一人坐禅を修行したといわれます。それを慕い人々が集まって、ついには宝慶寺[7]という叢林（修行道場）ができあがったと伝えられております。道元の頃も、盤石の上で坐禅するということが行われていたのですね。そして、石や岩の上に直接坐ったのでは、お尻や脚が痛いので、柔らかい干し草を、お尻や脚の下に敷いて坐禅したのです。

先ほども（一二三頁）また後のほうにも（一四一頁）「坐蓐（ざにく）」という言葉が出てまいりますが、「坐蓐」というのは座布団のことです。正式には、座布団の上に、「坐蒲（ざふ）」という丸い布団を敷いてその上にお尻をのせて坐るのですが、両脚、両膝の下は、坐蓐（座布団）になります。現在では「畳」があるので、畳の上に丸い布団（坐蒲）を置いて坐っておりますが、道元の頃は、現代のような柔らかい畳はなく、おそらく板の上に薄い茣蓙（ござ）を敷く程度で、やはり坐禅の時は、坐蓐を敷かないと脚やひざが、すぐに痛くなってしまったことでしょう。なるべく、脚や膝が痛くならないように工夫する、これが大切なことです。

6 寂円（一二〇七～一二九九）中国・宋の人。道元と同じく天童山の如浄に参学し、道元帰国の翌年、道元を慕って来朝した。道元没後、永平寺二世懐奘に参じたが、のちに永平寺より去り、越前大野（現・福井県大野市）銀椀峰で十八年独り坐禅をしたのち、宝慶寺を開いて開山（第一世）となった。その弟子義雲は永平寺の興隆に貢献した。**7 宝慶寺**　一二七八年、福井県大野市に寂円（注6参照）が開いた曹洞宗の寺。寂円に帰依した武士の伊自良知俊、知成親子が伽藍を寄進した。「宝慶」は寂円が道元と出会った南宋の年号にちなむ。

「坐処あきらかなるべし、昼夜くらからざれ」――修行道場では、朝も昼も夜も、坐禅をしますが、いずれも、暗い場所で坐るのはよくないです。暗いと私たちは眠くなるようにできているからです。昼は明るいはずであるのに「くらからざれ」（暗くてはいけない）とはどういうことかと質問されたことがあります。永平寺の坐禅堂なども、昼でも、雨の日や曇りの日は、かなり暗く、眠くなるほどなのです。ですから「明窓に坐する」という言葉もあるように、明かり取りの窓の下で坐ったり読書したりしたわけです。昼はなるべく明るいところで坐り、夜は燭（しょく）をともして坐る、眠らないためです。では、なぜ眠ってはいけないのか、なぜ目を閉じて坐禅をしてはいけないのか、それは居眠りして坐っている坐禅と、意識をはっきりもって坐っている坐禅とは、根本的に違うからです。その違いが、最近では科学的に解明されてきました。

「冬暖夏涼をその術とせり」――冬は暖かに、夏は涼しく、というのが坐禅を行う場合の心得です。私が学生の頃、駒澤大学で坐禅を指導していた酒井得元先生[8]は「坐禅は、苦行ではない、我慢大会ではない」とおっしゃっていました。あえて暑さや寒さに立ち向かって、肉体や精神の修練をするのではない、ということですね。ですから、寒い時はなるべく暖かくなるように工夫します。たいがいの修行道場では、広い坐禅堂に大きな火鉢が一つです。それでも少しは暖かいのです。一番寒い時期には、「被（ひ）」という、大きな風呂敷のようなものをかぶって坐ったり、組んだ手を「直裰（じきとつ）」（ころも）で覆うことが許されています。それほど寒かったのです。とにかく、冬はなるべく暖かに坐れるよう工夫します。また、暑い夏には、夏用の簾にして風通しをよくする、庭の石畳に水を打つ、葦簀[9]で堂宇の周りの日よけをする……などと、できる限りの功夫をすることが大切で、古来そのように行われてきました。

日常生活から離れる

諸縁を放捨し、万事を休息すべし。善也不思量なり、悪也不思量なり。心意識にあらず、念想観[10]にあらず。作仏を図することなかれ、坐臥を脱落すべし。

〈日常の生活の営みを離れ、全てを休息しなさい。善悪是非を考えない。意識

8 酒井得元（一九一二～一九九六）　駒澤大学仏教学科卒。大本山總持寺にて澤木興道老師（注11参照）に出会い師事。大乗寺（金沢市）にて澤木老師とともに雲水を指導。永平寺眼蔵会の講師も務めた。一九四九年から八七年まで駒澤大学に奉職し、退職後名誉教授。著書に『澤木興道聞き書き』『安心して悩め』など。　**9 葦簀**　葦の茎を編んで作る簀子。風を通すため、夏場の日除けや目隠しに用いられる。壁に立てかけて用いられることが多い。　**10 念想観**　念は「四念処」、「想」は「九想」、「観」は「五停心観」をいう。それぞれ具体的な修行法があるが、ここでは、何かを意識的に考えたり行ったりすることをいう。

の思い計らいもやめる。仏になろうとも思わず、坐禅をしていることにもとらわれない。〉

「諸縁を放捨し、万事を休息すべし」——坐禅をする時は、諸縁を放ち捨て、万事を休息しなさい、という意味です。

駒澤大学に坐禅の授業を始められた澤木興道[11]老師は、「坐禅というものは人間のためにするのではない。仏の行いである」とおっしゃっています。「人間のためにするのではない」というのは、〝人間の欲望を満たすためにするのではない〟ということです。私たちはたいがい、何かをする時、目的があってそれをします。結果を求め期待して行います。それは一般的には、けっして悪いことではありません。しかし、坐禅の時は、そういう思いを捨てなければいけない、というのです。〝健康によさそうだから、坐禅をする〟あるいは〝精神が安定するから、坐禅をする〟……これらもいけません。坐禅には確かにそういう功徳（効用・効果）というものがあります。しかし、それを目的としたら、打算的な行為になってしまいます。目的を持つということは決して悪いことではありませんが、それは人間の〝吾我〟〝エゴ〟というものと紙一重であって、一歩誤れば、坐禅が凡夫の〝欲望の行為〟になってしまい、〝仏の行為〟ではなくなってしまいます。

坐禅という修行を、仏の世界から凡夫の世界に引きずり下ろしてはいけないのです。これは、とても重要なところです。

「善也不思量なり、悪也不思量なり」――読み下せば「善もまた思量せず、悪もまた思量せず」となります。「思量」というのは〝思い量る〟〝考える〟ということですから、〝善いことも考えず、悪いことも考えず〟ということになります。悪いことはいけないにしても、善いことを考えるのはいいのではないかと思うかも知れませんが、たとえ善いことであっても、坐禅の時は、何かを考えるということはしません。何か一つのことを集中して考えるということはしません。そうかといって、「無念無想」ということを言いますが、何も考えないように努力する、というのも、ちょっと違うのです。

先述のように私は学生の時に、酒井得元先生の指導を受けましたが、先生はこんなことをおっしゃっていました。「坐禅の時に、ふと何か思いが浮かぶというのは、これは仕方がないのだ。それは私たちの正常な意識活動である。嫌うことではない」と。

11　**澤木興道**（一八八〇～一九六五）　一八九六年永平寺に入門。翌年、宗心寺（熊本県）で得度。その後日露戦争に出征、除隊後法隆寺勧学院などで学ぶ。各地で参禅を指導し、一九三五年、駒澤大学教授になると大学で初めて坐禅の授業を行う。その後も住持になることなく、大学で学生指導のかたわら全国で参禅修行を指導し「宿無し興道」とも呼ばれた。

いけないのは、坐禅の時に、意識的に何かを考えることであって、ふと何かの思いが浮かぶことがあってはならない、ということではないのです。もし、坐禅している時に、決して思いが浮かばないように頑張るとしたら、それはまた強い意識のはたらきになります。意識的に〝何も考えないように努力する〞ということになってしまい、それもいけないわけです。「放っておく」という言い方をする指導者もいます。何か思いが浮かんでも放っておき、とりあわない。何か頭に思いが浮かんでも、そのことに次々と思いをめぐらすことをしないということです。

「**心意識にあらず、念想観にあらず**」――「心意識」[12]については「心」「意」「識」それぞれに意味があり、「念想観」も「念」「想」「観」、それぞれに意味がありますが、坐禅している時は意識的に何か一つのことを集中して考えたり、思索したりしてはならない、ということです。

「数息観」といって、坐禅中に呼吸を数える行法もありますが、道元は、そのようなことも意識的にしてはならないと教えています。

「**作仏を図することなかれ**」――「作仏」というのは、仏になる、ということで、「図する」とは〝考える〞、あるいは何かを〝手に入れようとする〞という意味です。つまり、「仏になることを求めてはいけない」ということです。『正法眼蔵』「坐禅箴」の巻には「作仏をもとめざる行仏あり」（二四七頁）とあります。坐禅の修行は、仏となることを求めない「行仏」であるというのです。「行仏」とは〝仏を行ずる〟〝仏を現す〟ことです。これはとても重要なことです。坐禅とは、仏になるための修行ではなく、仏を行ずる修行であるということです。坐禅をしていると、もう「仏になっている」ので、さらに「仏となること」を求める必要もないということになります。

「坐臥を脱落すべし」――「坐臥」の「坐」というのは〝坐ること〟「臥」というのは〝横になること〟〝寝ること〟です。先ほどの「善」「悪」や、あるいは「凡」「聖」、「迷」「悟」、「坐」「臥」など、そういう対立の世界を離れてしまっているのが「坐禅」ということになります。ですから「坐禅」をしている時には、その「坐禅」にも、こだわってはいけません。「只管打坐（しかんたざ）」（ただ坐る）ということにも、こだわってはいけません。「私は何も求めずに、ただ坐るのだ」というのも「こだわり」になってしまいます。いったん、坐禅の道場に入ったら、老若男女や社会的な地位や名誉も関係ない。それらを離れて、ただ坐る。ありのまま、あるがままに、諸縁を放捨して、ただ坐る、その時みな、仏なのですね。仏として坐っているわけです。

澤木老師は、「坐禅をすると何になるのか？」と聞かれると「何もならん！」と答

12 心意識　唯識においては、「心」は阿頼耶識、「意」は末那識、「識」は第六識をいう。「識」は私たちの日常の意識活動、「意」は潜在意識のようなものをいい、「心」はさらにその深層にあるあらゆる業が蓄積される場所をいう。しかしここでは〝心のはたらき〟の意。

えたそうです。「何もならん」というのは、ほんとうに何にもならないというのではなく、〝あなたの欲求を満たそうとするためにするのなら、やめなさい〟ということです。坐禅を、何か坐禅以外の目的のためにしようと思うな、それが「只管打坐」「ただ坐る」ということです。そこが肝心なところです。

時間を惜しんで坐禅する

飲食を節量すべし、光陰を護惜すべし。頭然をはらふがごとく坐禅をこのむべし。黄梅山の五祖、ことなるいとなみなし、唯務坐禅のみなり。

〈飲食の量を調節しなさい、時間を惜しんで坐禅しなさい。少しの時間も無駄にせず坐禅に親しみなさい。黄梅山の五祖弘忍[13]もほかのことはしなかった。ただひたすら坐禅を務めたのである。〉

「飲食を節量すべし」――坐禅をする前には飲んだり食べたりする量を調節しなさいということです。

食後すぐに満腹の時に坐禅をするのはよくありません。またあまり空腹でもいけません。瑩山（けいざん）は、『坐禅用心記』[14]で「飽食（ぼうじき）して打坐すれば、発病の因縁なり」（お腹いっぱい食べてすぐに坐禅すると、病気の原因になる）と言っています。そして「暫（しばら）く少時を経て、乃ち坐すべきに堪えたり」（食事をしたら少し時間をおいて坐りなさい）と示しています。また、「三分の中（うち）、二分を食（じき）して一分を余すべし」と、お腹いっぱい食べず、三分の二、くらいにしておくのがよいとも言われています。これは、坐禅をする前に限らず、日常の食事においても大切な心得だと思います。

「光陰を護惜すべし」――時間を大切にしなさい、という意味です。「光陰矢のごとし」という言葉もありますね。時間というものは、早く過ぎ去ってしまうので、少しでも時間を惜しんで坐禅をしなさいということです。

「頭然（燃）をはらふがごとく坐禅をこのむべし」――「頭然をはらふ」というのは、火事などの時に頭に降りかかってくる火の粉を振り払うことです。髪の毛は燃えやす

13 弘忍（六〇一～六七四）中国禅宗五祖。蘄（き）州（湖北省）黄梅県の出身。四祖道信に師事し、法を嗣ぐ。多数の弟子を育て禅宗を発展させた。弟子に南宗禅の六祖慧能、北宗禅の玉泉神秀、法如らがいる。著書とされるものに『蘄州忍大師導凡趣聖悟解脱宗修心要論』（一般に『修心要論』）がある。**14『坐禅用心記』**　總持寺開山の瑩山紹瑾（第一章注1参照）が初心者向けに著した坐禅指南書。曹洞宗では道元の『普勧坐禅儀』と併用する。

いので、すぐに振り払わないと一瞬で燃えてしまいます。その一瞬の時間を惜しむように、坐禅を好んで行いなさいということです。

「**黄梅山の五祖、ことなるいとなみなし。唯務坐禅のみなり**」——「黄梅山の五祖」というのは、中国禅宗の五祖、達磨大師から数えて五代目の弘忍（こうにん）のことです。「唯務坐禅」（唯だ坐禅を務む）ですから、ただひたすら坐禅をされていたということです。これには典拠がありまして、『景徳伝燈録（けいとくでんとうろく）』（巻四）という文献の神秀（じんしゅう）[15]という禅師の章に、「出家尋師訪道、至蘄州雙峰東山寺、遇五祖忍師、以坐禅為務。乃歎伏曰、此真吾師也。」（出家して師を尋ね道を訪ぬるに、蘄州雙峰東山寺に至り、五祖忍師に遇うに、坐禅を以て務めと為す。乃ち歎じ伏して曰く、此れ真の吾が師なりと）という話が出ています。神秀が、師を求めて修行の旅をしていた時に、黄梅山にいた五祖弘忍のもとを訪ねるのです。その時、五祖弘忍は、修行として唯（た）だ坐禅を務めていたのです。その様子をみて神秀は、この人こそ私の本当の師であると思い、弟子入りしたという話です。

お袈裟をかけて蒲団を敷いて坐禅する

坐禅のとき、袈裟（けさ）をかくべし、蒲団（ふとん）をしくべし。蒲団は全跏（ぜんか）にしくにはあらず、跏趺のなかばよりはうしろにしくなり。しかあれば、累足のしたは坐蓐にあたれり、脊骨のしたは蒲団にてあるなり。これ仏仏祖祖の坐禅のとき坐する法なり。

〈坐禅する時にお袈裟をかけなさい、脚の下には坐蒲を敷きなさい。坐蒲は脚全体の下に敷くのではない、半ばよりは後ろのお尻の下に敷くのである。そうであるから、脚が重なっている下は坐布団になるのであり、背骨（尾骶骨）の下は坐蒲になるのである。これが仏祖がたが坐禅した時の坐り方である。〉

「坐禅のとき、袈裟をかくべし」――僧侶は基本的にお袈裟をまとって坐禅をします。お袈裟というのは僧侶の象徴です。仏教徒のシンボルです。お袈裟をまとう時に、「搭袈裟の偈」という偈[16]を唱えます。その偈は「大哉解脱服、無相福田衣、披奉如来

15 神秀（?～七〇六）開封（河南省）尉氏県出身。洛陽天宮寺で出家し、五十歳で五祖弘忍に師事。北宗禅の開祖となった。七〇〇年、京に招かれ、翌年則天武后に謁見した。中宗や睿宗にも仕え、「三帝の国師」と呼ばれた。また、長安・洛陽両京の法主（仏法を説く人）となった。嵩山普寂らが法を嗣いだが北宗禅の系統は途絶え、南宗禅の系統が遺った。**16 偈**　ガーター（詩）の音写。偈陀、伽陀とも音写する。頌、讃とも意訳される。漢詩では五字または七字を一句とし、多くは四句をもって一偈とする。

教、広度諸衆生」（大いなる哉、解脱服、無相の福田衣。如来の教を披き奉りて、広く諸の衆生を度せん。）というものです。

「解脱服」も「福田衣」も、お袈裟のことです。「無相」というのは〝無為の相〟（執着を離れたあり方）です。このお袈裟を僧侶が身にまとうのは、「披奉如来教」（如来の教えを身にまとう）ということです。〝如来の教えを身にまとう〟とは〝仏の教えを実践する〟のであり、仏の教えを実践するとは、「広度諸衆生」（広く衆生を度する）という実践をする、ということになります。僧侶がお袈裟を身にまとう時、常にこの偈を唱えるのは、僧侶は常にこの「広度諸衆生」ということを忘れてはならないからです。

「坐禅のとき、袈裟をかくべし」というのも同じです。坐禅の時も、それを忘れてはならないのです。もちろん坐禅中ずっと衆生（生きとし生けるもの）のことを心に思いなさいということではありません。先述しましたが、そもそも坐禅の時は、何かを積極的に考えるということはしません。少なくとも坐禅は、自分のために行うのではなく、自分が悟りを得るために行うのでもなく、もっと大きな心でもって行うものであるということを知っておいていただきたいと思います。

「蒲団をしくべし」――蒲団とは、ここでは「坐蒲」のことです。前述のとおり、「坐蒲」とは、坐禅の時にお尻の下に敷く丸い布団のことです。坐禅の時には、坐蓐つまり座布団を敷いて、その上にさらに坐蒲を置いて坐ります。

「蒲団は全跏にしくにはあらず、跏趺のなかばよりはうしろにしくなり」——「全跏」とは、脚を組んだ時の、両ひざからお尻まで、その全体をいいます。「跏」とは、片方の足の甲をもう片方の脚の腿（もも）の上に加える（載せる）ことです。そして「趺」というのは、足のこと、主に足の甲のことをいいます。つまり「坐蒲」は、脚を組んで坐っている、その真ん中より後ろ（お尻の下）に敷きます。

「しかあれば、累足のしたは坐蓐にあたれり。脊骨のしたは蒲団にてあるなり」——「累足」とは、足を累（かさ）ねるということです。足を組んで、足が累なっている下のあたりは座布団で、「脊骨」（背骨）の下（尾骶骨の下）は坐蒲にあたります。現在の曹洞宗の修行道場では、たいがい、畳の上に坐蒲を置いて坐るので、お尻の下が坐蒲で、両ひざの下は畳ということになります。

「これ仏仏祖祖の坐禅のとき坐する法なり」——これが仏祖たちがみな行ってきた坐り方だ、と言うのです。

脚の組み方

あるひは半跏趺坐（はんかふざ）し、あるひは結跏趺坐（けっかふざ）す。結跏趺坐は、みぎのあしをひだりのももうへにおく、ひだりのあしをみぎのもものうへにおく。あしのさき、おのおのもも とひとしくすべし、参差（しんし）なることをえざれ。半跏趺坐は、ただひだりのあしをみぎのもものうへにおくのみなり。

〈あるいは半跏趺坐し、あるいは結跏趺坐する。結跏趺坐は、右の足を左の腿（もも）の上に置き、左の足を右の腿の上に置く。足の指先が、それぞれ腿と等しくなるようにしなさい、不揃いではいけない。半跏趺坐は、ただ左の足を右の腿の上に置くだけである。〉

「あるひは半跏趺坐し、あるひは結跏趺坐す」――坐禅する時、二通りの脚の組み方があります。「半跏趺坐」という脚の組み方と、「結跏趺坐」という脚の組み方です。

「結跏趺坐は、みぎのあしをひだりのもものうへにおく、ひだりのあしをみぎのもものうへにおく」――結跏趺坐は、まず右の足を左の腿の上に置き、次に左の足を右の腿の上に置きます。

「あしのさき、おのおのもも とひとしくすべし、参差（しんし）なることをえざれ」――そのように足を組む時に注意すべきは、足の指先が腿と等しくなるようにすることです。同じ高さ、同じ深さになるようにして、片方が高かったり低かったり、深かったり浅かったりしないようにします。つまり、左右対称になるように足を組みます。「参差」は慣用として「しんし」あるいは「しんさ」と読みます。「参差」とは〝不揃い〟という意味で、左右対称にならないことです。脚の組み方が不揃いになると身体がゆがんでしまいますし、その状態で長時間坐っていると身体に良くないのです。とはいえ、私たちはそれぞれ体型が違いますし、私たちの身体は必ずしも左右対称ではなく左右の脚の長さも、手の長さも若干違っていたりしますので、あまりこだわることはありませんが、出来る範囲で、左右が揃うようにします。

「半跏趺坐は、ただひだりのあしをみぎのもものうへにおくのみなり」——もう一つの脚の組み方が半跏趺坐です。半跏趺坐は右の足を左の腿の下に入れ、左の足を右の腿の上に載せます。片足だけを腿の上に載せるので、「半跏趺坐」と言います。

さて、結跏趺坐ができる人は、そのほうが坐が安定しますので、できるだけ結跏趺坐で坐っていただけるとよいのですが、半跏趺坐でも構いません。身体の硬い人や、身体を痛めている人は、決して無理しないようにします。最も大切なのは、背筋を伸ばして、上半身がまっすぐになるように坐ることです。そのためには、脚の組み方は、多少、調整していただいて構いません。片方の膝が上がってしまっていると、背筋がまっすぐにならないので、できるだけ両ひざが下（床）に着くように、坐蒲を調節してお尻を高くします。そして、足が腿の上に載らない人は、ふくらはぎの上に載せるとか、それもできない人は、無理して載せなくても、とにかく上半身ができるだけまっすぐに垂直になるように、心がけていただくとよいと思います。

手の組み方

衣衫(えさん)を寛繫(かんけ)して、斉整(せいせい)ならしむべし。右手(うしゅ)を左足(さそく)のうへにおく、左手を右手のうへにおく。ふたつのおほゆびさき、あひささふ。両手(りょうて)かくのごとくして、身(み)にちかづけておくなり。ふたつのおほゆびのさしあはせたるさきを、ほぞに対しておくべし。

〈お袈裟や直裰(じきとつ)をゆったりと着けてととのえなさい。右手を左足の上に置き、左手を右手の上に置く。両手の親指の先が互いに支え合うようにする。両手をこのようにして、身体に近づけて置くのである。両手の親指が合わさっている先を、おへそに対するように置きなさい。〉

「衣衫(えさん)を寛繫(かんけ)して、斉整(せいせい)ならしむべし」——「衣衫」の「衣」は、「お袈裟」のことを言います。「衫」というのは直裰(じきとつ)、一般的に「ころも」といわれている袖の長い衣服です。「寛繫」の「寛」は〝ゆるやかに〟、「繫」は〝つなぐ〟〝かける〟という意味です。よって「寛繫」で〝ゆるやかにかける〟〝ゆったりと着る〟ということです。僧侶のように和装（和服）の場合は、帯や紐などを、きつく締めず、ゆったりと、ゆるく締めます。洋装（洋服）の場合でも、あまり身体にぴったりとした服装ではなく、ゆったりとした服装で坐るようにします。

「右手を左足のうへにおく、左手を右手のうへにおく。ふたつのおほゆびさき、あひささふ。両手かくのごとくして、身にちかづけておくなり。ふたつのおほゆびのさしあはせたるさきを、ほぞに対しておくべし」——これは手の組み方です。右手を左足の上に置きます。そして、左手を右手の上に置きます。「おほゆび」というのは親指のことです。「ささふ」とは〝支える〟〝支え合う〟ことで、両手の親指の先を着けて、両方の親指が支え合うようにします。この手の組み方を、「法界定印」といいます。この法界定印を身体に近づけて置きます。両手の親指の先を合わせたところを、「臍」（おへそ）の前あたりに近づけて置くわけです。とはいえ、先程「右手を左足のうへにおく」とありましたので、実際は、手は少しお臍の下のほうになるかも知れません。それぞれの体型によって異なります。あくまでもこれは基本的なことです。みなさんそれぞれの身体にあわせて行っていただければよいわけです。あくまでも、この「坐禅儀」の巻の教えを基本にしていただきます。

上半身はまっすぐに

正身端坐すべし。ひだりへそばだち、みぎへかたぶき、まへにくぐまり、うしろへあふぐことなかれ。かならず耳と肩と対し、鼻と臍と対すべし。

〈姿勢を正して坐りなさい。左へ側ち、右へ傾き、前に躬り、後に仰ぐことがないようにしなさい。必ず耳と肩が平行になるようにし、鼻と臍が垂直になるようにしなさい。〉

「**正身端坐すべし**」——〝姿勢を正して坐る〟ことです。その具体的な姿勢が次に示されています。

「**ひだりへそばだち**」——左へ傾くことをいいます。「そばだち」は、漢字では「側」という字を書きます。一方に傾くことを言います。

「**みぎへかたぶき**」——右へ傾くことをいいます。「かたぶく」は、漢字では「傾」という字を書きます。傾くことです。

「**まへにくぐまり**」——前に曲げることです。「くぐまる」は、漢字では「躬」という字を書きます。からだを曲げることです。ここでは、背中を前に丸めることをいいます。

「うしろへあふぐことなかれ」――「うしろへあふぐ」は、後ろに傾いて、顔が上を仰いでしまうことです。「あふぐ」は、漢字では「仰」という字を書きます。身体が後ろに傾いて、顎（あご）が上がって顔が上の方に向いてしまうことをいいます。足を組み手を組んで坐禅した時の上半身が、左や右に傾いたり、前に曲げて背中が丸まってしまったり、あるいは後ろに傾いてしまってはいけない、ということです。

とにかく、坐蒲のほぼ中心あたりに「尾骶骨」がきて、そこから垂直に背骨が伸びているようにします。前後左右に傾かず、頭が背骨の上に安定して載っている、という姿勢です。身体や頭が、前後左右に傾くと、身体のどこかに無理がかかってしまい、長時間坐っていると、かえって身体を悪くすることにもなりかねません。姿勢が正しくないと、呼吸にも影響してきます。

「かならず耳と肩と対し、鼻と臍と対すべし」――これは頭の安定の仕方について示したものです。必ず、耳と肩が対し、鼻とおへそが対するようにします。これは、耳と肩が対するとは、耳と肩が一直線になるということで、頭を左右に回転させず、まっすぐ前を向くということです。横から見た時に、首と頭が前に出るようなことがないように、顎をしっかり引くと、耳と肩がまっすぐになります。このことを身体に覚えさせるためには、壁にお尻と両肩を付けて、顎を引いて後頭部を壁に付ける、ということをやってみてください。すると上半身がまっすぐになった状態になります。

「鼻と臍と対す」とは、鼻とおへそが、まっすぐになるようにすることです。頭を左右に傾けず、前から見た時に、鼻筋の線とおへそとが、まっすぐに垂直になるようにします。つまり、この「かならず耳と肩と対し、鼻と臍と対すべし」とは、首を前後左右に傾(かし)げず、まっすぐ前を向くということです。

口はしっかりと閉じ、眼は開いて坐る

舌は、かみの腭(がく)にかくべし。息は、鼻より通ずべし。脣歯(しんし)あひつくべし。目は開(かい)すべし、不張(ふちょう)・不微(ふび)なるべし。

〈舌は上顎(うわあご)につけなさい。息は鼻でしなさい。唇と歯はつけなさい。目は開きなさい。張りすぎず、細めることがないようにしなさい。〉

「舌は、かみの腭にかくべし」——「腭(がく)」とは、口の中の上の部分です。舌の先を上の歯の付け根（＝歯茎）あたりにつけて、舌全体を口の中の天井の部分にぴったりと

つけます。そして、口の中に空間がないようにします。

「**息は、鼻より通ずべし。脣歯あひつくべし**」――息は鼻でします。上下の唇と、上下の歯をつけます。口呼吸ではなく鼻呼吸です。

「**目は開すべし。不張・不微なるべし**」――目は大きく開くのでもなく、うす目にするのでもなく、普通に開けます。坐禅の時は、顎（あご）を引いて坐りますので、自然と視線は下に落ちます。四十五度ほどでしょうか、視線を下に落とすようにします。

道元が、師匠の如浄から教えを受けた聞書（ききがき）である『宝慶記（ほうきょうき）』に、如浄の言葉として「若四五十来年慣習坐禅、渾不会低頭瞌睡者、閉眼目坐禅無妨。如初学未慣者、開目。」（もし四、五十年、坐禅に熟達して、決して居眠りをすることがない者は、目を閉じて坐禅しても構わない。しかし、初心者は目を開けて坐りなさい）というお示しがあります。その教えをうけて道元は、「目を開いて坐禅しなさい」と示したと思われます。先に述べましたが、私たちは、目を閉じると、眠くなります。だから、居眠りをしないように、目を開いて坐るのです。

呼吸の仕方

ところで、道元は、呼吸についてはあまり詳細に説いていませんが、『永平広録（えいへいこうろく）』

（道元の説法などを記録した文献）の巻五（三九〇上堂）に「息は丹田に至り、また丹田より出づ、出入異なりと雖も、倶に丹田に依りて入出す」と示しています。「丹田」とは、おへその少し下のところで、下腹部内部にある、気が集中するところとされますが、息は鼻から入って、この丹田というところに至り、そして丹田から出ていくというのです。実際は、息は肺に入り、肺から出ていくのですが、私たちは横隔膜を収縮・弛緩させて、つまり横隔膜が上がったり下がったりすることで呼吸をするので、下腹部が膨らんだり、しぼんだりします。ですから腹式呼吸（丹田呼吸）では、息が下腹部の「丹田」というところに入り、そこからまた出ていくように感じます。つまり、坐禅の時の呼吸は、腹式呼吸なので、鼻から静かに（かすかに）息がスーッと下腹部に入っていって、またそこからスーッと、鼻を通って出ていく。そのように感じるわけです。

あとは、身体に任せて呼吸します。長い呼吸、深い呼吸をしようと意識はしません。あくまで身体に任せて呼吸します。

欠気一息と左右揺振

かくのごとく身心をととのへて、欠気一息あるべし。

〈このように身心をととのえたら「欠気一息」するのである。〉

このように身体と心をととのえたところで「欠気一息」ということをします。「けっきいっそく」とは読まずに「かんきいっそく」と読みます。「欠」という字には、〝不足する〟とか〝欠ける〟という意味だけでなく〝口を大きく開けて息をつく〟という意味もあります。「欠気一息」とは、口を開けて大きく息を吐くことを言います。

この「欠気一息」の仕方に、二通りあります。一つは、まず息を大きく吸い込んだら、いったん止めて、口から少しずつ息を吐いて、少し時間をかけて息を吐き切る方法です。もう一つは、息を深く吸い込み、声を出さないように注意しながら、その息を一気に吐き出してしまう方法です。八割くらいを一気に吐き出して、あとの二割くらいを、次第に細めるようにして、吐き切ります。私は後者の方法をしておりますが、その回数は、『坐禅用心記』には「一両息なり」とあるように、基本的には一回、あるいは二回いたします。数回しても構いません。

ところで、この「坐禅儀」の巻には記述がありませんが、「欠気一息」のあと、「左右揺振」ということをします。「左右揺振」とは、『坐禅用心記』にあるように、七、八回、上半身を左右にゆすることです。はじめは大きく、次第に揺れを小さくしていって、背筋をまっすぐにして止めます。

これまで述べてきた坐禅の仕方をまとめると、まず「足を組む」そして「手を組む」それから一、二回「欠気一息」し、七、八回「左右揺振」して、その後は動かず、どっしりと坐る――となります。

〝考えない〟ことを考える？

兀兀と坐定して、思量箇不思量底なり。不思量底如何思量、これ非思量なり。これすなはち坐禅の法術なり。

どっしりと坐って、考えないことを考える。考えないことをどのように考えるかというと、それが「非思量」である。これが坐禅の仕方である。

「兀兀と坐定して」――第五章でも触れましたが、「兀」という字は、〝高くて上が平らなさま〟をいいます。字を見てもそうですが、上に横棒があって平らになっていて、富士山のような山の形にも見えます。つまり、高い山の頂で、平らになっているところは、強い雨が降ろうが、強い風が吹こうが、様子は変わらない――そのような状態を「兀」といいます。いったん坐ったら、動かず、どっしりと坐り続けます。それが「兀兀と坐定して」ということです。

「**思量箇不思量底なり。不思量底如何思量、これ非思量なり**」――この部分の漢字は、音読み（棒読み）にします。この部分は、『正法眼蔵』「坐禅箴」の巻の冒頭にも示されていますが、薬山弘道大師[17]（薬山惟儼）と、ある僧との問答です。

　薬山が坐禅をしていると、何か考えごとをしていると思ったのでしょうか、ある僧が「何を考えているのですか？」と尋ねます。薬山は何も考えていなかったのですが、「何を考えているか」と聞かれたので、「何も考えないことを考えている」と奇妙な答えをしたわけです。すると僧は「何も考えないことを考えるとは、どのように考えるのですか？」とさらに質問します。それに対して薬山は「非思量」（考えるのではない）と答えます。そのような問答です。

　坐禅の時は、何かを積極的に考える、ということをしません。何も考えないというのが基本です。とはいえ、仮に四十分ほど坐禅をするならば、〝四十分間、何も考えなかった〟ということはありませんし、それができるようになることが坐禅の目的で

17　薬山弘道大師（七四五～八二八）　中国南宗禅の青原行思（？～七四〇、六祖慧能の法嗣）の流れを汲む禅僧。澧州薬山に住したので薬山惟儼という。石頭希遷（七〇〇～七九〇、青原の法嗣）の法嗣。弘道大師は諡号。

はありません。

私も、「何も考えない」という坐禅をやってみたことがありますが、その場合、とにかく呼吸に集中したり、常に姿勢に意識をおいたりすることで、〝考えない〟時間を続けることは、できないことではありません。

しかし、その時には、呼吸や姿勢に気持ちを集中するという、強い意識のはたらきがあり、「努力」があります。雑念は〝考えない〟のですが、〝考えない〟ように頑張るわけです。これは「安楽」ではないのです。そして「非思量」ということではないといえます。

駒澤大学の坐禅の指導では、「心に浮かんでくるものは浮かぶに任せ、消えるものは消えるに任せて、一切とりあわず、相手にしないで放っておく」と教えています。

精神統一をしようと思ったり、無念無想になろうとしたりしてはいけないのです。一切の計らいをやめ、努力をやめて、ただ坐るのです。とはいえ、ボーッとしているのではなく、意識明瞭の状態で、坐り続けます。これが「非思量」ということです。

ある禅師は、「頭で考えるのではない。からだ全体で考えるのだ」と言っています。とにかく、なかなか難しいことです。この「非思量」ということは、自ら会得するしかないように思います。

「これすなはち坐禅の法術なり」——「坐禅儀」の巻で示されてきたすべてを受けて

「これが坐禅の仕方である」と言われるのです。

坐禅は安楽の行

坐禅は習禅にはあらず、大安楽の法門なり。不染汚の修証なり。

〈坐禅は習禅ではない、大安楽の法門である。不染汚の修証である。〉

しめくくりの部分です。「坐禅は習禅ではない」とありますが、南山道宣[18]が編集した『続高僧伝』[19]では、印度から中国に禅を伝来した菩提達磨を「習禅篇」に入れています。それを道元が批判した言葉であると思われます。その「習禅」とは、〝種々の

18 南山道宣（五九六～六六七）中国唐代の僧で南山宗（南山律宗）の開祖。南山律師とも呼ばれる。若くから律宗を学び、多くの著述を遺した。律宗は戒律の研究、実践を行う宗派。釈尊の定めた律は部派それぞれに伝持され中国にも伝わったが、その中の「四分律」による学派。著書に『四分律行事鈔』『広弘明集』などがある。**19『続高僧伝』**道宣（注18参照）が著した高僧（徳の高い僧侶）の伝記。三十巻。中国では多くの高僧伝が作られたが、梁の慧皎（四九七～五五四）の『高僧伝』十四巻が最も古い。宋代の『宋高僧伝』三十巻、明代の『大明高僧伝』八巻と合わせて「四朝高僧伝」と呼ばれる。

観念を修しながら学習する禅〟あるいは、〝悟るために坐禅を行ずる禅〟〝苦行としての坐禅〟といいますが、坐禅とは、苦行ではなく安楽の行である、いや大安楽の行である、というのが道元が中国から伝えた坐禅です。

「不染汚の修証なり」の「不染汚」とは〝けがれのない〟〝純粋な〟という意味です。坐禅という行を、ただ純粋に、何も求めることなく行い、ただ坐ります。そしてそこに打算的な何かを求めないので、何も得られないからと止めてしまうことがなく、ひたすら坐禅という修行を続けることができるのです。その坐禅という修行の中にこそ「証」(悟り)が具わっているのです。それを「不染汚の修証」と言います。

最後に、奥書があります。

爾時寛元元年 癸卯冬十一月、在越州吉田県吉峰精舎示衆。

爾の時、寛元元年癸卯、冬十一月、越州吉田県吉峰精舎に在りて示衆す。

この『正法眼蔵』「坐禅儀」の巻は、先述のように寛元元年(一二四三年)、道元が四十四歳の時、越前国の吉田県(現・吉田郡)の吉峰精舎において示衆した(大衆に示した）という内容の奥書です。

さて、この章では『正法眼蔵』「坐禅儀」の巻をすべて読んでみました。ここに道元が示す坐禅の作法とその意義が述べられています。

できれば禅寺に足を運んでいただいて、禅僧の指導を受けて坐禅していただくとよいのですが、自宅などでも行うことはできますので、この「坐禅儀」の巻の教えに従って坐禅をしてみてください。坐禅を修行することによって『正法眼蔵』の理解も深まると思います。

第七章　『般若心経』の解説
――「摩訶般若波羅蜜」の巻

『般若心経』はおそらく、最も多くの皆さんに親しまれているお経だと思います。弘法大師（空海）[1]が著した『般若心経秘鍵（ひけん）』は『般若心経』を密教の立場から解説した註釈書ですが、本章で取り上げる『正法眼蔵』「摩訶般若波羅蜜」の巻は道元による『般若心経』の解説と言えます。

『般若心経』について

このお経は、釈尊が亡くなってから三百年後くらいの紀元前一世紀頃に興（おこ）った大乗仏教の中で成立しました。大乗仏教のお経を大乗経典と呼んでおり、『般若経』『法華経』『華厳経』『涅槃経』『阿弥陀経』[2]などがあります。これらの経典には作者が記されていません。それは、「釈尊がこの時代に教えを説いたとすれば、このように説かれたに違いない」という信念に立って経典が作成されているからです。したがって、その多くは釈尊が説かれたことになっています。

『般若心経』はこの大乗経典の中で先駆的な役割を果たしたお経で、「空（くう）」の思想が説かれている『般若経』に属する経典の中の一つです。中国の有名な訳経者である鳩摩羅什（くまらじゅう）[3]三蔵法師や、また『西遊記』[4]で知られる玄奘（げんじょう）[5]三蔵法師がインドの言葉を漢文

1 **空海**（七七四〜八三五）平安初期の僧。真言宗の開祖。諡号は弘法大師。讃岐国に生まれる。七九七年、『三教指帰（さんごうしいき）』を執筆し出家。八〇四年、唐に渡り恵果に師事、密教大法を伝授される。八一六年、高野山の地を賜り金剛峯寺を開く。八二三年、東寺を賜り教王護国寺と名づけ、真言宗の根本道場とした。高野山で没する。書にすぐれ三筆の一人。著書に『弁顕密二教論』『十住心論』『即身成仏義』などがある。 2 **『般若経』『法華経』『華厳経』『涅槃経』『阿弥陀経』** 紀元前後に興った大乗仏教は、経典の製作とともに発展した。経典はおよそ一千年にわたり編纂され続け、最初期の代表的な経典が『般若経』『法華経』など、続いて『華厳経』『涅槃経』などが作られたとされる。大乗経典が中国に入って漢訳されるようになり、鳩摩羅什、玄奘などすぐれた訳経僧が現れた。 3 **鳩摩羅什（クマラジーヴァ）**（三四四〜四一三／三五〇〜四〇九）中央アジアのクチャ（亀茲国）の生まれ。仏教徒の母とともに七歳で出家。四〇一年、中国長安に迎えられ経典三百八十余巻の漢訳に従事した。ボーディを菩提と訳したのは鳩摩羅什からで、鳩摩羅什以前を古訳、以後を旧訳と言う。また、玄奘のものを新訳と言う。 4 **『西遊記』** 中国明代の口語長編小説で、四大奇書の一つ。玄奘のインド取経の旅が次第に伝説化され、娯楽的要素が追加されて物語が作られていった。宋代には講談や芝居として親しまれたものが、明代にほぼ物語としてまとめられた。日本へは江戸時代に紹介された。

に訳しています。現在、一般的に流布している『般若心経』は玄奘三蔵法師が訳したものです。

「空」については、さまざまに説明されます。私は、すべての物事は互いに関連し合って存在しており、決してそれ自体でいつまでも変わらずに、ほかの物事と関わることなく存在し続けるものではないことを意味すると説明します。すなわち、「固定した実体がない」「一定不変でない」「移り変わりゆく」ということです。ゆえに、『般若心経』に示される有名な「色即是空(しきそくぜくう)」とは、すべての存在は一定不変ではなく、移り変わりゆくものであることを示しているのです。

このような「空」の思想を中心に、大乗仏教は大いに発展し、多くの教えを生み出していったのです。日本の仏教のほとんどは、この大乗仏教の流れを汲み、『般若心経』(特に玄奘訳)は多くの宗派によって重んじられ、日常、読誦されています。

般若心経（摩訶般若波羅蜜多心経）
——大いなる智慧を説いた肝心要の教え

この『般若心経』を現代語訳してみると次のようになります。まず、漢語原文を(新字体で)示し、書き下し文、そして現代語訳を示してみましょう。

観自在菩薩。行深般若波羅蜜多時。照見五蘊皆空。度一切苦厄。

舎利子。色不異空。空不異色。色即是空。空即是色。受想行識。亦復如是。

舎利子。是諸法空相。不生不滅。不垢不浄。不増不減。

是故空中。無色無受想行識。無眼耳鼻舌身意。無色声香味触法。無眼界乃至無意識界。無無明亦無無明尽。乃至無老死。亦無老死尽。無苦集滅道。無智亦無得。以無所得故。

菩提薩埵。依般若波羅蜜多故。心無罣碍。無罣碍故。無有恐怖。遠離一切顛倒夢想。究竟涅槃。三世諸仏。依般若波羅蜜多故。得阿耨多羅三藐三菩提。

故知。般若波羅蜜多。是大神呪。是大明呪。是無上呪。是無等等呪。能除一切苦。真実不虚。故説般若波羅蜜多呪。即説呪曰。

羯諦羯諦。波羅羯諦。波羅僧羯諦。菩提薩婆訶。

般若心経。

5　玄奘（六〇二～六六四）　中国唐代の学僧。十三歳で出家し、六二九年、原典を求めてインドへ旅立つ。唯識を学び、インド各地の仏跡などを巡礼、梵本（サンスクリット原典）六百五十七部などとともに、六四五年に帰国。勅命により訳経院で弟子たちと多くの仏典の翻訳を行った。旅行記『大唐西域記』は、当時の西域やインドを知る貴重な史料であり、『西遊記』のもととなった。

観自在菩薩[6]は、深般若波羅蜜多を行じた時、五蘊[7]は皆空なりと照見して、一切の苦厄を度せり。

舎利子[8]よ、色は空に異ならず、空は色に異ならず。色は即ち是れ空、空は即ち是れ色、受・想・行・識も亦復た是くの如し。

舎利子よ、是の諸法は空相にして、生ぜず滅せず、垢ならず浄ならず、増さず減らず。

是の故に空の中において、色もなく受・想・行・識もなく、眼・耳・鼻・舌・身・意もなく、色・声・香・味・触・法もなく、眼界もなく乃至意識界もない。無明もなく亦た無明が尽きることもなく、乃至老死もなく、亦た老死が尽きることもなく、苦・集・滅・道もなく、智もなく亦た得もない。所得なきを以ての故に。

菩提薩埵は、般若波羅蜜多に依るが故に、心に罣碍なく、罣碍なきが故に、恐怖あることなく、一切の顚倒・夢想を遠離して、涅槃を究竟せり。三世諸仏は、般若波羅蜜多に依るが故に、阿耨多羅三藐三菩提を得たまえり。

故に知る、般若波羅蜜多は、是れ大神呪なり、是れ大明呪なり、是れ無上呪なり、是れ無等等呪なり、能く一切の苦を除くこと、真実にして虚ならず。故に般

若波羅蜜多呪を説くに、即ち呪を説いて曰く、
羯諦羯諦。波羅羯諦。波羅僧羯諦。菩提薩婆訶。
般若心経。

6 観自在　原語は「アヴァローキテーシュヴァラ」で、玄奘は「観自在」と訳したが、鳩摩羅什は「観世音（観音）」と訳し、智慧輪は両方を取って「観世音自在菩薩」と訳している。多くの人々をよく観察して自由自在に救うはたらきを意味している。**7 五蘊**　原語「パンチャ・スカンダ」の意訳。「五つの集まり」の意。五つとは「色」「受」「想」「行」「識」を指す。「色」は原語「ルーパ」の意訳で「形のあるもの」を意味し、あらゆる物質的現象として存在するものを指す。「受」は原語「ヴェーダナ」の訳で、いわゆる「感受」のこと。苦や楽などを感じることをいう。「想」は原語「サンジュニャー」の訳で、「表象」の意。つまり知覚・感覚して対象物が意識されることで、青・黄などの色を了解したり、対象物が何であるかを、記憶や想像によって知ることをいう。「行」は原語「サンスカーラ」の訳で、外界対象を知覚・感覚して、感じ、意識し、認識したものが一定の方向に向かってはたらいて行くことをいう。「識」は原語「ヴィジュニャーナ」の訳で、「分別して知る」という意。我々は、眼・耳・鼻・舌・身・意という六根（主体的な認識作用）によって、色・声・香・味・触・法という六境（客体的な対象世界）を認識している。その認識が眼識・耳識・鼻識・舌識・身識・意識の六識であり、「識」はこの六識の総称である。**8 舎利子（舎利弗／シャーリプトラ）**　釈迦十大弟子の一人。バラモンの出身。懐疑論者サンジャヤの弟子であったが、サンジャヤの弟子二百五十人を連れて、釈尊に帰依した。多くの弟子をもち、教義にすぐれ「智慧第一」と呼ばれた。

観自在菩薩は、深い智慧を完成して修行していた時、人間の心と身体は「空」なるものであると悟り、一切の苦悩・災厄から救われた。

舎利子よ、肉体は「空」なるものであり、「空」なるものが肉体である。感覚、知覚、慮知・認識作用などの心のはたらきも同様である。

舎利子よ、もろもろの存在は「空」なるものであり、生じも滅しもせず、汚くもなければ浄らかでもなく、増えも減りもしない。

だから、「空」なる世界では、確かな（実体的な）肉体もなく、確かな感覚・知覚作用もなく、その対象である確かな客観世界もなく、それを認識・意識する確かな主観もない。本来、迷いもないのであるから、迷いがなくなることもなく、ないし、そもそも老・死の苦しみがないのであるから、老・死の苦しみがなくなることもない。苦（苦という結果）も集（苦の原因）も滅（苦からの解放）も道（そのための手立て）もなく、知るということも得るということもない。本来、得られるべき何ものもないからである。

菩薩は、このような智慧によって、心にこだわりがなく、心にこだわりがないから、恐れるものがなく、一切の迷いから離れて、静寂なる境界を究める。過去・現在・未来の諸仏は、このような智慧によって、無上の悟りを開かれたのである。

故に知るべきである、このような智慧は、大いなる呪文であり、光り輝く呪文であり、この上ない呪文であり、比類なき呪文であり、よく一切の苦難を除くことは、真実であり偽りではないことを。その智慧の呪文は次のように唱えるのである、

「ぎゃーてい、ぎゃーてい、はーらーぎゃーてい、はらそうぎゃーてい、ぼーじーそわか。」

これが、智慧を説いた肝心要（かなめ）の教えである。

これは漢訳された『般若心経』を私が意訳したもので、正しい解釈になっているかどうかは覚束（おぼつか）ないのですが、詳しく学びたい方は、専門の研究者の本を読んで、さらにインドの言葉（サンスクリット語）で書かれた『般若心経』を参照して、勉強してみるとよいと思います。

『般若心経』の大意

『般若心経』というのは『摩訶般若波羅蜜多心経（まかはんにゃはらみったしんぎょう）』の略称です。

「摩訶」というのは原語（梵語、サンスクリット語）の「マハー」の音訳（写音による

漢訳）。意訳（意味による漢訳）では「大」。「大いなる」という意味です。

「般若」は原語「プラジュニャー」の音訳で、意訳では「智慧」。一般的に言われる知（知識、分別知＝思慮分別する能力）と区別するために「般若」と音訳のままよく用いられます。また無分別知とも解釈されます。「真実を正しく知る能力」、あるいは「よりよく生きることに関わる深く優れた洞察力」とも言えます。

「波羅蜜多」は原語「パーラミター」の音訳で、意訳は「到彼岸」、彼岸（悟り）に至ること。「完成」とも訳されます。

「心経」の「心」の原語は「フリダヤ」で、肉体でいえば心臓のことを言い、また、精髄・精要を意味します。いわゆる〝こころ〟の意味ではありません。ものの中心（芯のこと）を言い、ここでは、「肝心要のお経（教え）」という意味です。

よって「摩訶般若波羅蜜多心経」とは「大いなる智慧の完成を説いた肝心要の経（教え）」ということになります。

この『般若心経』は、観自在菩薩が、深い智慧を完成して修行していた時に、五蘊（人間の心と身体）は「空」（実体がない）なるものであると悟って、一切の苦厄から救われたというのです。つまり、智慧によって五蘊は空であることを悟った観自在菩薩が、その悟りの内容（あらゆるものは「空」であり、実体がないこと）を説いたものです。誰に説いたのかというと、仏の十大弟子の中で智慧（般若）第一とされた舎利子

（舎利弗）に説いたのです。それが『般若心経』であると言えます。

そして、あらゆるものが「空」であり〝実体がない〟ので、「色」つまり物質的な存在も、「受・想・行・識」といった精神的な存在も〝実体がない〟と説きます。私たち人間について言えば、「色」とは〝身体（肉体）〟であり、「受・想・行・識」は〝心のはたらき〟ということになりますから、肉体も心も〝実体がない〟というのです。

すると、いや、身体（肉体）は実際あるではないか、心のはたらきもあるではないか、という人がいるでしょう。しかし、「空」というのは〝無い〟というのではなく、現象（現に象あるもの）には実体がない、言葉を換えれば〝確実なものではない〟ことをいうのです。

その根本に、仏教が説く「縁起」があることは言うまでもありません。「縁起」とは、「あらゆる物事は関わり合って存在している」ということです。物事の因果関係や相互関係、依存関係を指します。世の中には何一つとして単独で存在しているものはない、確実なものはない、移り変わらないものはない――と洞察するのです。

そもそも実体がないから、「不生不滅」であり、仮に生じたり滅したりするように見えても、それは姿形を変えただけで、あらゆるものを構成している四大（地・水・火・風）といった要素は変わらないのです。原子や分子のレベルでは無くなることはなく、結合したり分離したりしているだけである、ということです。

私たちが生きていることを仏教では「四大仮和合」と言い、死ぬことを「四大離散」と言います。生きているとは、「四大」が仮に和合している状態で、死ぬとは、それがバラバラになった状態であると考えるのです。ですから「不増不減」というように、根本的には増えも減りもしないのです。

また「不垢不浄」という言葉があるように、ものを〝汚い〟〝キレイ〟と認識するのは人間の主観・感情であって、存在そのものには〝汚い〟〝キレイ〟はないのです。

以上のように、あらゆる物事は「空」であり、〝実体がない〟と説くのが『般若心経』の大意です。

道元の『般若心経』解釈

それでは道元の『般若心経』解釈を見てみましょう。

観自在菩薩の行深般若波羅蜜多時は、渾身の照見五蘊皆空なり。五蘊は色・受・想・行・識なり、五枚の般若なり。照見、これ般若なり。この宗旨の開演現成するにいはく、色即是空なり、空即是色なり。色是色なり、空即空なり。百草

なり、万象（ばんぞう）なり。（九頁）

〈観自在菩薩が深い般若（智慧）を完成していた時とは、全身で五蘊はすべて空であると照見した（悟った）時である。五蘊とは「色・受・想・行・識」であり、五つの般若である。「照見」（悟る）も般若である。この教えをわかりやすく表明したのが「色即是空」であり、「空即是色」である。これは「色是色」であり、「空即空」である。〈「色」というのは〉草のようにどこにでもあるものであり、あらゆる象（かたち）あるものである。〉

『般若心経』の経文にある「色即是空。空即是色」とは、色（物質・肉体）は空であり、空なるものが色である、ということです。「A即是B」という場合、AはBであるという意味ですが、ここに示される道元の「色是色なり、空即空なり」（色は色であり、空は空である）とは奇妙な言葉です。しかし、AとBが全く一つであるならば、AをBと入れ替えて、AはAであり、BはBである、と言うことができます。また、そのように言うことができなければ、AとBが全く一つであるとは言えない、ゆえに

9 枚　物の数をかぞえる助数詞。

道元は「色是色なり、空即空なり」と表現したのだと思われます。そして「百草なり、万象なり」とは、もう「色」や「空」など、そのような理屈も言わず、〝ただ百草〟であり〝ただ万象〟である、ということだと考えられます。

言葉で言い表すことが難しい事実を、言葉によって述べるための、道元の巧みな言語表現ではないでしょうか。

すべてが般若

般若波羅蜜十二枚、これ十二入なり。また十八枚の般若あり、眼・耳・鼻・舌・身・意、色・声・香・味・触・法、および眼・耳・鼻・舌・身・意・識等なり。また四枚の般若あり、苦・集・滅・道なり。また六枚の般若あり、布施・浄戒・安忍・精進・静慮・般若なり。また一枚の般若波羅蜜、而今現成せり、阿耨多羅三藐三菩提なり。また般若波羅蜜三枚あり、過去・現在・未来なり。また般若六枚あり、地・水・火・風・空・識なり。また四枚の般若、よのつねにおこなはる、行・住・坐・臥なり。（九頁）

〈般若波羅蜜に十二ある、これが十二入である。また十八の般若がある、眼・

耳・鼻・舌・身・意、色・声・香・味・触・法、および眼・耳・鼻・舌・身・意・識等である。また四つの般若がある、苦・集・滅・道である。また六つの般若がある、布施・浄戒・安忍・精進・静慮・般若である。また一つの般若波羅蜜が、いま目の前にある、阿耨多羅三藐三菩提である。また般若波羅蜜に三つある、過去・現在・未来である。また般若が六つある、地・水・火・風・空・識である。また四つの般若が、日常行われている、行・住・坐・臥である。〉

通常、「般若」は智慧と意訳されます。先述のように智慧とは真実を正しく知る能力であり、この智慧によって観自在菩薩は「諸法皆空」（あらゆる存在は空である）と「照見」したのです。「照見」を先述の現代語訳では「悟り」と訳しました。真実の姿を見極めることです。とすれば、真実の姿を見極めることが出来るのが「般若」（智慧）ということになるわけです。また、「照見」を「悟り」と訳したのは、「悟り」には、〝なにごとにも動じないあり方〟という意味があるからです。このことが非常に重要であると私は思います。

ここからは私の個人的な解釈になりますが、観自在菩薩とは〝物事をありのままに観ることができる菩薩〟であり、そのような菩薩が、深い智慧をはたらかせて生きてゆく、かかる菩薩の生き方が仏教において実に大切であると思うのです。

物事をありのままに観るためには吾我を離れなければなりません。吾我を離れるのは、自分勝手な見方をしない、自分の物差しで物事を見ないということです。そこではじめて〝ありのままに観る〟ことができます。吾我を離れた者が、深い智慧によって身・口・意の三業を生きてゆく、それが仏教の生き方です。

吾我を離れ、すべてをありのままに観て、なにごとにも動じない力（境界）を得ても、〝そこでどう生きるのか〟については、やはり智慧が必要になります。その智慧とは仏教（仏の教え）です。だから仏教（の智慧）を学ぶことが大切なのです。

さて、話を戻しますが、道元は「十八界」（十八の認識世界）や「四諦」（四つの真理）や「六波羅蜜」（六つの実践）をそのまま「般若」（智慧）とするのです。そして、過去・現在・未来という「三世」（時間）も、地・水・火・風・空・識という「六大」（世界を構成している六つの要素）も、行・住・坐・臥という「四威儀」（日常生活のあり方）も、すべて「般若」（智慧）であると言うのです。実にダイレクトです。

吾我を離れ、すべてをありのままに観ることができた道元だからこそ、そして仏教をよく学び、生きる智慧を身につけていた道元だからこそ、すべてが般若（智慧）であると言い切ることができたのであろうと思います。

道元はこの「摩訶般若波羅蜜」の巻で、『大般若波羅蜜多経』第二九一巻「著不著相品」の次の一節を引用しています。

釈迦牟尼如来会中、有一苾蒭[10]。竊作是念、我応敬礼甚深般若波羅蜜多。此中雖無諸法生滅、而有戒蘊・定蘊・慧蘊・解脱蘊・知見蘊[11]施設可得[12]、亦有預流果・一来果・不還果・阿羅漢果[13]施設可得、亦有独覚菩提[14]施設可得、亦有無上正等菩提施設可得、亦有仏法僧宝施設可得、亦有転妙法輪度有情類施設可得。仏知其念、告苾蒭言、如是如是。甚深般若波羅蜜、微妙難測。（十頁）

10 苾蒭［びっすう・びっしゅ］ 比丘（僧）のこと。 **11 戒蘊・定蘊・慧蘊・解脱蘊・知見蘊** 戒（規則）・定（禅定）・慧（智慧）・解脱（智慧による悟り）・知見（悟りによって得られる見識）の五つを「五分法身」と言い、仏や阿羅漢が具えている五種の徳性のこと。蘊は〝あつまり〟の意。 **12 施設可得** 本来は実体がなく得られるものではないが、仮に設けて得られるようにしてあるもの。 **13 預流果・一来果・不還果・阿羅漢果** 大乗仏教以前の仏教において聖者が修行する四段階の道程（四向によって得られた結果。これを四果と言う）。預流果は聖者の流れに預かり仲間入りをすること、一来果は一度天上界に生まれ再び人間界に生まれて涅槃（悟り）を得ること、不還果は涅槃を得て再び欲界に還ることがないこと、阿羅漢果は一切の煩悩を断滅し、なすべきことをすべて完成すること。 **14 独覚菩提** 師の指導によらず単独で菩提を得ること。独覚はまた縁覚、辟支仏とも言う。

釈迦牟尼如来の会中に、一苾芻有り。竊かに是の念を作す、「我れ応に甚深般若波羅蜜多を敬礼すべし。此の中に諸法の生滅無しと雖も、而も戒蘊・定蘊・慧蘊・解脱蘊・知見蘊の施設可得有り、亦た預流果・一来果・不還果・阿羅漢果の施設可得有り、亦た独覚菩提の施設可得有り、亦た無上正等菩提の施設可得有り、亦た仏法僧宝の施設可得有り、亦た妙法輪を転じて有情の類を度する施設可得有り」と。仏、其の念を知ろしめして、苾芻に告げて言く、「是の如し、是の如し。甚深般若波羅蜜は、微妙にして測り難し」と。

〈釈迦牟尼仏のもとに集まった人々の中に、一人の比丘がいた。ひそかに心の中でこのように思った。「私はまさに甚だ深い智慧の完成を敬い礼拝しよう。この中であらゆる物事は生じたり滅したりしないといっても、戒蘊・定蘊・慧蘊・解脱蘊・知見蘊という施設可得（実体はないが仮に設けられたもの）があり、また預流果・一来果・不還果・阿羅漢果という施設可得があり、また独覚菩提という施設可得があり、また無上正等菩提という施設可得があり、また仏法僧宝という施設可得があり、また大いなる仏法を説いて有情の類を済度するという施設可得がある」と。仏はこの比丘の心中を知って、比丘に告げて仰った、「その通り、その通り。甚だ深い智慧の完成は、非常にすぐれていて計りしれな

い」と。〉

そして、次のように続きます。

而今の一苾蒭の竊作是念は、諸法を敬礼するところに、雖無生滅の般若、これ敬礼なり。この正当敬礼時、ちなみに施設可得の般若現成せり。いはゆる戒・定・慧、乃至度有情類等なり、これを無といふ。無の施設、かくのごとく可得なり。これ、甚深微妙難測の般若波羅蜜なり。　（十頁）

〈いま一比丘が密かに作した念いは、諸法を敬い礼拝するのに、生滅することのない般若を敬い礼拝したのである。この正に敬い礼拝するとき、用い行うことのできるさまざまな般若が現成した（目の前に現れた）のである。そのさまざまな般若とは、戒・定・慧ないし度有情類等であり、これを「無」というのである。「無」と言っても仮にこのように設けることができるのである。これが、はなはだすぐれていて計りしれない般若波羅蜜である。〉

先に挙げた『般若心経』の経文の中に「諸法空相。不生不滅」（諸法は空相にして、生ぜず滅せず）とありました。もろもろの存在は「空」なるものであり、生じも滅しもしないというのですが、現実には、この世にはさまざまなものが存在しており、生じたり滅したり、生まれたり死んだりしているわけです。そうであっても、存在するものは刻々と移り変わってゆき、何一つとして確実な存在はなく、実体があるわけではないのです。それを「空」といい、『般若心経』では、この「空」を「無」と言っているのです。道元が「これを無といふ」と言ったのは、そのことを示しています。

般若を学ぶとは虚空を学ぶこと

また、「摩訶般若波羅蜜」の巻では、先に挙げた『大般若波羅蜜多経』第二九一巻「著不著相品」の一節に続く、次の話を引用して、短いコメントを付しています。


天帝釈[15]、問具寿善現[16]言、大徳、若菩薩摩訶薩、欲学甚深般若波羅蜜多、当如何学。

善現答言、憍尸迦[17]、若菩薩摩訶薩、欲学甚深般若波羅蜜多、当如虚空学。

しかあれば、学般若これ虚空なり、虚空は学般若なり。　（十頁）

漢語の部分を書き下すと次のようになります。

〈天帝釈、具寿善現に問うて言く、「大徳、若し菩薩・摩訶薩、甚深般若波羅蜜多を学せんと欲わば、当に如何んが学すべきや」と。善現、答えて言く、「憍尸迦、若し菩薩・摩訶薩、甚深般若波羅蜜多を学せんと欲わば、当に虚空の如く学すべし」と。〉

この一節は、帝釈天が、釈尊の弟子の中で最もよく「空」を理解している須菩提に「般若を学ぼうと思ったら、どのように学んだらよいのか」と質問し、須菩提が「虚空のように学びなさい」と答えている話です。虚空というのは空間のことです。空間というのは、そこにどんなものでも受け入れます。気体はもちろん液体でも固体でも、炎のように熱いものでも、氷のように冷たいものでも、何でも受け入れるのが空間です。その空間である虚空にあるものすべてが般若であり、般若でないものはないということになります。

この話に対する道元のコメントは「しかあれば、学般若これ虚空なり、虚空は学般

15 天帝釈　帝釈天のこと。梵天とともに仏や仏法を守護する神とされる。**16 具寿善現**　具寿は仏弟子のこと。善現は仏陀の十大弟子の一人、須菩提の意訳。須菩提は「空」をよく理解し、仏陀の弟子の中で「解空第一」とされた。**17 憍尸迦**　帝釈天がもと人間であった時の姓。

若なり」と、この須菩提の答えをうけながら、さらに虚空が学般若であり、虚空そのものが般若を学んでいる姿であるとするのです。さきほどは「すべてが般若である」と述べましたが、それをさらに強調するものとなっています。

さらに、道元は『大般若波羅蜜多経』の中から経文を引用して解説していますが、長くなりますので、その要旨をお話しします。

帝釈天は、仏陀や仏法を守護する神ですが、強大な力を持つ帝釈天ですから、仏や菩薩や精舎（寺院）といった形あるものを守るのはたやすいことです。しかし、「般若」とは「虚空（空間）」であるという話を聞いて、「いったい形がなく、つかみどころのない空間を守るには、どうしたらよいものか」と、さらに釈尊に質問します。すると釈尊に代わって須菩提が答えます、「おまえ、般若とは何かをよくわかっているではないか」と。

そうなのです、般若を守ることはできないのです。

そして、そのことがわかった帝釈天は、よく般若のことをわかっているのだと須菩提が褒めるのです。般若とは守ることができず、そして害することもできない、それが「般若」であり「智慧」であるということです。

風鈴がチリンチリンと般若を語っている

「摩訶般若波羅蜜」の巻の中で道元は、師の如浄（にょじょう）の偈頌（げじゅ）を紹介しています。風鈴頌と言われているものです。

先師[18]古仏[19]云、渾身[20]似口掛虚空、不問東西南北風、一等為他談般若、滴丁東了滴丁東。[21]これ、仏祖嫡嫡の談般若なり、渾身般若なり、渾他般若なり、渾自般若なり、渾東西南北般若なり。（十一頁）

〈先師古仏が言っている、「全身が口のようであり、空中にぶら下がっていて、東西南北のどちらから風が吹いて来ようと、平等にみなのために般若を語っている、チリン、チリン」と。これが、正統的に伝えてきた般若の高説である、全身が般若であり、ほかのものも自分もすべて般若であり、東西南北すべてが

18 先師　亡き師匠のことを言う。**19 古仏**　優れた仏祖のこと。仏祖に対する最高の尊称。
20 渾身　全身。**21 滴丁東了滴丁東**　風鈴の音の擬音語。チリンチリン。

般若である。〉

この風鈴頌は、『如浄語録』[22]にみられ、『永平広録』巻九「頌古」にもありますが、それぞれ若干、文言が異なっています。また『宝慶記』には、この風鈴頌をめぐっての如浄と道元の会話が記されています。

道元がこの風鈴頌を称えて如浄に「この偈頌を見聞することができて、躍り上がるように嬉しい。感激の涙で衣が湿ってしまった」と言います。すると如浄は「お前は見る眼がある。お前も偈頌を作るときはこのように作るがよい」と上機嫌です。その会話の様子が目に見えるようです。私もこの風鈴頌が大好きです。

実はこの私が般若であり仏である

「摩訶般若波羅蜜」の巻の最後に、道元は『大般若波羅蜜多経』第一七二巻の経文を引用し、次のように結語しています（経文の引用文は省略します）。

仏薄伽梵[23]は般若波羅蜜多なり、般若波羅蜜多は是諸法なり。この諸法は空相なり、不生不滅なり、不垢不浄、不増不減なり。この般若波羅蜜多の現成せるは、仏薄伽梵の現成せるなり。問取すべし、参取すべし。供養礼敬する、これ仏薄伽梵に奉覲承事するなり[24]、奉覲承事の仏薄伽梵なり。（十二頁）

〈仏は般若である、般若は諸法である。この諸法は「空」なるものであり、生じも滅しもせず、汚くもなければ浄らかでもなく、増えも減りもしない。この般若が現れるのは、仏が現れるのである。その仏に問いなさい、参じなさい。この供養し礼拝するということは、仏にお目にかかって教えに従うことなのである、仏にお目にかかって教えに従っているこの私が、まさに仏なのである。〉


「摩訶般若波羅蜜」の巻末部分は、実に味わい深い説示です。

般若とは仏そのものであり、「空」なる〝あらゆる存在〟であるというのです。

また、般若を供養し礼拝するということは、仏を供養し礼拝することであり、仏を供養し礼拝することの本来のあり方は、実は私が仏にお目にかかって、仏の教えに従

22『如浄語録』　道元の師、中国天童山景徳寺の如浄禅師の語録（法話をまとめたもの）。一二二四年、語録を編纂した如浄の弟子、無外義遠が道元に送ったとされる。**23 仏薄伽梵**　仏のこと。薄伽梵は仏の異名。**24 奉覲承事**　奉覲はお目にかかること。承事は用事を奉ること。仏にお目にかかって教えに従うことを言う。

って修行することなのです。

結局、道元がここで言いたいのは、仏の教えに従って修行している私たちこそ、実は仏なのだということであると、私には思われるのです。

以上、「摩訶般若波羅蜜」の巻を取り上げて、道元の『般若心経』解釈、道元における般若の意義を学びました。通常は〝般若とは智慧である〟ということになるのですが、道元は、「あらゆる存在が般若であり、般若とは虚空であり、般若とは仏そのものである」と言います。そして結局は、修行している私こそ、般若であり仏であるという結論になります。

常に修行が基本となっていることのような見方は、『正法眼蔵』全体にわたっているものなのです。

第八章　仏性とは何か――「仏性」の巻

「仏性[1]」という言葉を聞いたことがあるでしょうか。

「性」というのは「性質」「本性」「本質」のことで、よって「仏性」とは〝仏の性質〟あるいは〝仏になることが出来る可能性〟を意味する言葉とされます。そして、私たちはみな「仏性」を持っている、というのです。

この仏性思想は、釈尊という偉大な指導者を失った仏教徒によって、大乗仏教の興隆とともに生み出されたもので、仏教に帰依するものに光を与えるものであったと思われます。つまり、〝釈尊はもうこの世にはおられないが、私たちはみな釈尊のような覚者になれる本質（性質）をもっている〟だから、その教えに従って生きてゆけば

1 **仏性**　『涅槃経』にはじめて用いられた術語で、文字どおりには「仏となる因、可能性」をいい、原語はチベット訳から判断して buddhadhātu であるとされる。

必ず釈尊のようになることができる、と希望を与えるものでありました。「仏性」と深く関わる言葉に「如来蔵[2]」という語があります。「如来」とは仏のことで、「蔵」とは〝内に有している〟という意味です。私たちは仏と同じ本質を内にもっているということです。

そもそも「仏性」とは、大乗経典の一つである『涅槃経』において初めて用いられ、「一切衆生、悉有仏性」（一切衆生、悉く仏性有り）という言葉が有名です。仏の本質は、一切の衆生（生きとし生けるもの）にも具わっており、衆生は仏と本質を同じくするから、衆生はすべて仏となることが可能である、というものです。「衆生がすべて仏となる可能性を有している」という場合の「仏となる可能性」とは、実質的には「自性清浄心」を指すというのが伝統的な解釈です。つまり、衆生の心は本来、生まれつき清浄であるが、ただ客塵[3]である煩悩によって汚されている、というのです。

ところで、この「仏性」にしても「如来蔵」にしても、心が本来、煩悩によって汚されていないことを表したもので、本来は「空」であって何か実体があるわけではなかったのです。しかし、「私たちはみな仏性をもっている」と言った場合、何か実体的なもの、たとえば死んだときに身体から「霊魂」が抜け出るような、あるいは果実の種子のような実体的なものとして誤解されるようになったと思われます。そして、その内なる仏性（仏の本質）が、修行を続けているといつか、修行による功徳が熟して表面に現れてくると考えられるに至ります。

実は、このような誤解を取り除くために示されたのが、道元の『正法眼蔵』「仏性」の巻であるとも言えるのです。結論を先取りして言えば、道元は、〝修行（参師問法・弁道功夫）が行われている時が仏性が現われている時〟であり、〝いま修行を行っていることこそが仏性が現れていることである〟と説くのです。つまり、「仏性」とは、仏の性質やあり方であり、ひいては「仏として生きること」であると言えるのです。したがって「仏性」をきちんと理解していることが大切である、と道元は言います。

「仏性の道取・問取は、仏祖の家常茶飯なり」（仏性について語ること、わからなければ

2 如来蔵　「如来を内に宿すもの」（如来の胎を有するもの、あるいは如来の胎児）の意で、『如来蔵経』がその初出。本来は衆生それ自体を言ったが、その後の教理の展開にしたがって、衆生のうちなる、如来となる可能性自体を「如来蔵」とよび、衆生をその所有者と解するようになった。　**3 客塵**　［かくじん］とも。煩悩は人の心に本来具わったものではなく、いっとき付着した塵のようなものであるということ。「客」は「主人」に対して一時的な滞在者であることを意味する。

これを師に問いかけることが、仏祖の日常の営みである〔四一頁〕とも示しています。

それでは、「仏性」の巻の説示を取り上げて、道元の仏性観を学んでみましょう。

一切衆生、悉有仏性

次に挙げるのが、『正法眼蔵』「仏性」の巻の冒頭の部分です。冒頭の一句は「釈迦牟尼仏言」（釈迦牟尼仏言く）とありますが、『涅槃経』にある一句です。


釈迦牟尼仏言[4]、一切衆生、悉有仏性。如来常住、無有変易。

これ、われらが大師釈尊の師子吼[5]の転法輪なりといへども、一切諸仏[6]、一切祖師の頂𩕳眼睛[7]なり。参学しきたること、すでに二千一百九十年[8]、〔當日本仁治二年辛丑歳[9]〕、正嫡[10]わづかに五十代[11]〔至先師天童如浄和尚[12]〕、西天[13]二十八代[14]、代代住持しきたり、東地二十三世[15]、世世住持しきたる。十方の仏祖[16]、ともに住持せり[17]。

（一四頁）


〈釈迦牟尼仏は仰っている、「一切衆生、悉有仏性、如来常住、無有変易」と。

これは、われわれの大いなる師である釈尊の、あたかも師（獅）子が吼える

4 釈迦牟尼仏言　「一切衆生、悉有仏性。如来常住、無有変易。」は『大般涅槃経』〔北本〕巻第二十七「師子吼菩薩品」（大正蔵十二・五二二c～五二三a）〔南本〕巻二十五「獅子吼菩薩品」（大正蔵十二・七六七a～b）に見られる語。**5 師子吼**　師（獅）子が吼えること。すべての動物が畏れおののき従うような真実不虚の説法。この句が「獅子吼菩薩品」にあることからこの言葉が使われたと思われる。**6 といへども**　この語は逆説の確定条件を示すが、ここでは、釈尊の言葉であることを示した上で、この言葉をほかの仏祖も自らの言葉として受容していることをこのように表現したものと思われる。**7 頂𩕳眼睛**　頂𩕳は頭、いただきの意。眼睛は目、また、目のように大切なもの、眼目。ここでは最も尊ぶべき大切なものをいう。**8 二千一百九十年**　これによれば道元は仁治二年（一二四一年）を仏滅後二一九〇年としており、仏滅を西暦換算で紀元前九四九年としていることになる。これは中国の法琳（五七二～六四〇）によって定められた仏滅年の説であり、道元が日本のほかの諸宗派の祖師同様この説を採用したものであると言える。しかし、現在は、仏滅年は、宇井伯寿（インド哲学者、仏教学者。一八八二～一九六三）の研究にもとづいた中村元（インド哲学者、比較思想学者。一九一二～一九九九）の説（仏滅＝紀元前三八三年）がほぼ定説となっている。**9 仁治二年**　一二四一年。**10 正嫡**　嫡子。正統の法嗣。**11 わづかに**　ようやく、数量が少ないこと。ここで、「わづかに」とは、五十代の時間の経過を〝劫〟という無限に近い時間との対比から短いとしたのか、あるいは五十代の仏祖を数量的に少ないとしたのか定かではないが、ここでは後者の意に解釈した。**12 先師**　亡くなった師匠のことをいう。**13 天童如浄和尚**　一一六二～一二二七、道元禅師の師。**14 西天二十八代**　釈尊の弟子、摩訶迦葉から西天（インド）第二十八代の菩提達磨まで。**15 東地二十三世**　菩提達磨を第一世として東地（中国）第二十三世の天童如浄まで。**16 十方の仏祖**　東西南北、四維上下の全世界に存在する仏祖。直前の説示が、仏祖によるこの語の時間的な相続を説いているのに対して、空間的に全世界に存在する仏祖を言ったもの。

ような大説法であるが、〈その説法を〉すべての諸仏やすべての祖師が、〈自らの〉大切な眼目としてきたものである。この教えに出会い学んできていることは、すでに二千百九十年〔日本の仁治二年がこの年に当たる〕、正統の継承者はわずかに五十代〔亡き師匠、天童如浄和尚に至っている〕、〈その中で〉インドにおいて二十八代の仏祖が代々、保持してきたのであり、中国において二十三世の仏祖が世世、保持してきたのである。〈そればかりでなく〉全世界の仏祖が、保持しているところである。〉

冒頭の『涅槃経』の一句「一切衆生、悉有仏性。如来常住、無有変易」は現代語訳を行いませんでした。道元は「一切衆生、悉有仏性」を解説して「悉有は仏性なり、悉有の一悉を衆生といふ」と示し、この語に特有の解釈をし、独特な仏性観を展開しているからです（後出）。

『涅槃経』の「一切衆生、悉有仏性、如来常住、無有変易」を一般的に書き下すと、「一切衆生には、悉く仏性有り。如来は常住にして、変易(へんやく)有ること無し」となり、解釈すれば〝一切の生きとし生けるものは、みな仏性をもっており、如来は常におわしまして、変わることがない〟となります。しかし、道元は「一切衆生、悉有仏性」を〝一切衆生は悉く仏性が現れた存在そのものである〟と解釈したと思われます。なお、

「如来常住、無有変易」については道元の解釈は示されていません。

ともあれ、「一切衆生、悉有仏性」とは、釈尊が示された重要な説法であり、その後、代々大切に受け継がれてきたものである、とまず示すのです。

悉有は仏性なり

先に述べたように「悉有仏性」は、通常は「悉く仏性有り」と訓読して、〃みな仏性をもっている〃と訳すのですが、道元は、「悉有は仏性なり」と独特の読み方をして、すべてが「仏性」であると言います。それが次の一節にうかがわれます。

世尊道[18]の一切衆生悉有仏性は、その宗旨[19]いかん。是什麼物恁麼来[20]の道、転法輪な

17 住持　仏に代わって法を伝え、仏の智慧を受け継いできたこと。**18 世尊道**　「世尊（釈尊）が言っている」という意。「道」には〃言う〃〃語る〃という意味がある。**19 宗旨**　根本的な意味。「宗」とは根本、主要なものの意で、「旨」とは、内容の要点。**20 是什麼物恁麼来（是れ什麼物か恁麼に来たる）**　「何者がこのように来た」という意。「什麼物」は何者という意。「恁麼」は〃このように〃〃そのように〃という意味の副詞だが、形容詞として、〃このような〃〃そのような〃の意味で用いられることもある。『宗門統要集』巻三には「是什麼物与麼来」の語が見られ、『景徳伝燈録』巻五では「什麼物恁麼来」となっている。

り。あるいは衆生といひ、有情といひ、群生といひ、群類[21]といふ。悉有の言は衆生なり、群有なり。すなはち悉有は仏性なり。悉有の一悉を衆生といふ。正当恁麼時[22]は衆生の内外すなはち仏性の悉有なり。単伝[23]する皮肉骨髄のみにあらず、汝得吾皮肉骨髄[24]なるがゆへに。　（一四頁）

〈世尊が仰っている「一切衆生悉有仏性」は、その根本的な意味は何であろうか。〈六祖慧能が南岳懐譲[25]に言った〉「これは何者がこのように来たのである」という〈真実を表した〉言葉〈と同様〉の説法である。〈一切の生き物のことを〉あるいは「衆生」といい、「有情」といい、「群生」といい、「群類」というのは、「衆生」〈のこと〉であり、「群有（あらゆる存在）」〈のこと〉である。つまり「悉有」は「仏性」である。そして「悉有」の一部分を「衆生」というのである。まさにこのようなときは、衆生も衆生以外のものも、「仏性」というすべての存在なのである。〈達磨から四人の門人に〉単伝したのは、〈それぞれに〉皮・肉・骨・髄のみ〈が伝わったの〉ではない。達磨の教えがみなに等しく伝わったのであるから。〉

道元が「悉有仏性」を「悉有は仏性なり」と訓読する場合の「悉有」の「有」は

〝存在〟を意味し、「悉有」という語を「悉く～有り」と解釈せず、〝悉く有るもの〟つまり〝すべての存在〟と解釈していると考えられます。実に特異な解釈です。このように読んでいる祖師は道元以外にありません。常識的に言えば誤読し、誤訳をしているわけです。しかし、これは単なる誤読、誤訳ではなく、道元が「仏性」の本来の意味を示すために、あえてこのように訓読し解釈したものと思われます。

「悉有仏性」の解説において、「是什麼物恁麼来（ぜじゅうもすいんもらい）」（六祖慧能の語）や、「汝得吾皮肉骨髄（にょとくごひにくこつずい）」（達磨の語）が何の脈絡もなく突然出てくるように思われますが、これも『正法眼蔵』の特徴です。おそらく道元の頭の中には、さまざまな経典の言葉や、仏祖の故事や、禅の語録の言葉が、数多く詰まっていて、自在に引っ張り出されてくるのです。そして、私たちには何の脈絡もないように思えても、道元の思考の中ではつながって

21 衆生・有情・群生・群類　これらの語はすべて同義で、一切の生き物、六道輪廻する生き物の意。「衆生」・「有情」は、それぞれサンスクリット語 sattva の旧訳・新訳である。 **22 正当恁麼時**　「まさにこのようなとき」という意。「正当」は、まさに、ちょうどの意。「恁麼」は、ここでは形容詞として用いられている。 **23 単伝**　仏法が釈尊から真っ直ぐ伝わってきたこと。「単」は単独、「伝」は相伝の意。 **24 汝得吾皮肉骨髄（汝、吾（わ）が皮肉骨髄を得たり）**　達磨が、道副・尼總持・道育・慧可の四人の弟子に見解を示させ、それぞれが吾が皮・肉・骨・髄を得たと認めた、という話を踏まえた語。『景徳伝燈録』巻三などに見られる。 **25 南岳懐譲**　（六七七～七四四）　唐代の禅僧。

いて、その部分を解説に必要な言葉として登場させるのです。

そして、このように次から次へと自在に登場してくる言葉の原意を知った上で、さらにその言葉に道元が独特な解釈をしていることを理解していないと、〝いったい何を言っているのかよくわからない〟ということになってしまいます。これが『正法眼蔵』の難解さの原因であるともいえるのです。

たとえば「是什麼物恁麼来」についてですが、この語は、本来「何者がこのように来たのか?」という質問です。しかし、道元は「什麼物」としか言いようのないものが、「このように来た」としか言いようのない事実を表わした言葉として捉えていると考えられます。つまり、〝質問〟ではなく〝現前の事実〟を表現した言葉と解釈しているのです。これも道元独特の解釈です。「悉有仏性」も同様で、〝現前の事実〟を示した言葉であるとするのです。「悉有仏性」を〝悉く仏性をもっている〟ひいては〝修行することによって仏性が未来に現前する〟(「かくのごとく修行しゆくところに、自然に仏性現前の時節にあふ」)という意味に捉えるのではなく、修行している当体に仏性が現れているという〝現前の事実〟を示したものと捉えているのでしょう。ゆえに、現前の事実を表した「是什麼物恁麼来」という語をここに引用したと考えられます。

なんとも難しいのですが、一般的な解釈とは異なる「悉有仏性」を、通常の解釈とは異なる「是什麼物恁麼来」の言葉をもち出して解説しているのですから、常識では解釈できないのです。

「仏性」とは霊魂のようなものではない

私たちにはみな仏性が〝ある〟と言ったり、仏性を〝もっている〟などと言うと、たとえば、私たちの肉体の中に「心臓」という臓器があるように、内部に「仏性」というものを実体として持っているように考えがちです。そのような考え方を戒めているのが、次の一節です。

仏性の言をきて、学者おほく先尼外道[26]の我[27]のごとく邪計[28]せり。それ人にあはず、

26 先尼外道　永遠不変の実体我を認め、心常相滅（相〈肉体〉は滅しても心〈霊魂〉は不滅である）を奉ずる外道（仏教以外の教えを信奉する人々）。『大般涅槃経』巻三九「憍陳如品」などに見られる。道元は「即心是仏」の巻で「外道のたぐひとなるといふは、西天竺国に外道あり、先尼となづく」と示し、先尼外道の見解を紹介し、批判している。 **27 我**　永遠不滅の本体。固定的実体。自己主観の中心となるもの。実体としての自我。 **28 邪計**　あやまった考えや、よこしまな理解。

自己にあはず、師をみざるゆゑなり。いたづらに風火の動著[29]する心意識[30]を、仏性の覚知・覚了[31]とおもへり。たれかいふし、仏性に覚知・覚了ありと。覚者[32]・知者[33]はたとひ諸仏なりとも、仏性は覚知・覚了にあらざるなり。（一五～一六頁）

〈仏性という言葉を聞いて、仏道を学ぶ者の多くは先尼外道が言う「我」のように誤って理解している。それは、〈仏法を会得した〉人に会うことなく、〈本来の〉自己に出会うこともなく、正師に出会わなかったからである。〈仏性を誤って理解している人は〉なんとなく、生命あるものがもっている心のはたらきを、「仏性」による知覚・認識作用であると思っている。いったい誰が言ったのか、「仏性に知覚・認識作用がある」と。もし諸仏が覚者（目覚めた者）であり知者（智慧を具えた者）であるといっても、「仏性」とは知覚し認識するはたらきをいうのではないのである。〉

先尼外道の「先尼」とは、古くインドにおいて、心常相滅を信仰していた人のことを言います。「外道」とは、仏教の教えとは異なる道ということです。心常相滅の「心」とは「霊魂」のことで、「相」とは「肉体」のことです。つまり、人間は死んだときに肉体は滅びてしまうが、霊魂は不滅であって、肉体から抜け出て次の新たな肉体に宿る、ということです。よって先尼外道とは、肉体はなくなってしまうが霊魂は不滅であると信仰していた人たちのことです。

仏教はそもそも、霊魂といった実体的存在を認めませんので、仏教が説く「仏性」も、霊魂のようなものではありません。しかし、仏教を学ぶ者の多くが「仏性」とは霊魂のようなものであり、それが物事を知覚したり認識したりしていると誤解していたので、道元はそれを戒めているのです。

「仏性」とは、草木の種のようなものではない

また、次の一節では別の喩えを挙げて、「仏性」は草木の種のようなものではないと戒めています。

29 風火の動著　「風火」は四大（地・水・火・風）の風と火。四大とは全世界を構成するとされる元素。ここでは、四大を風と火に代表させている。「動著」は、うごかす意。**30 心意識**　心（citta）・意（manas）・識（vijñāna）のこと。道元はこれらを厳密に区別することなく、思慮分別の意味で用いる。『普勧坐禅儀』に「停心意識之運転、止念想観之測量、莫図作仏。豈拘坐臥乎（心意識の運転を停め、念想観の測量を止めて、作仏を図ること莫れ。豈に坐臥に拘わらんや）」（『道元禅師全集』巻五、春秋社、四頁）とある。**31 覚知・覚了**　見聞覚知。感覚して了知すること。**32 覚者**　悟った人。真理に目覚めた人。**33 知者**　正しい認識に目覚めた人。

ある一類おもはく、仏性は草木の種子のごとし。法雨のうるほひしきりにうるほすとき、芽茎生長し、枝葉華果、もすことあり、果実さらに種子をはらめり。かくのごとく見解する、凡夫の情量[34]なり。（一六～一七頁）

〈ある人々は思っている、「仏性は草木の種子のようなものだ。雨が草木をうるおすと、芽や茎が生長し、枝や葉が茂り、花が咲き、果実が実る。そして、果実はさらに種子を内にはらむ。仏法（仏の教え）が雨のようにしばしば〈草木を〉うるおすとき、芽や茎が生長し、枝や葉が茂り、花が咲き、果実が実ることがある。果実はさらに種子を作るのである」と。このように理解するのは、凡夫の妄想分別である。〉

一部の人々が思っている誤った考え方について、草木（果実）の種の喩えを用いて批判しています。

すなわち、この喩えと同様で、仏法が雨のように私たちの身体をうるおすと、身体の中にある仏性から芽や茎が出て、それが成長して枝や葉が茂り、「悟り」という花が咲く、というように仏性を考えるのは誤っているというのです。

「仏性」は現前に現れている

そして、次に挙げる説示こそ、道元の独特な経典解釈の真骨頂であり、これによって「仏性」の真意を実に印象的に示すのです。

まず、次の経典の一節を挙げてみます。

仏言(ほとけのたまわく)[35]、欲知仏性義(よくちぶっしょうぎ)、当観時節因縁(とうかんじせついんねん)[36]。時節若至(じせつにゃくし)、仏性現前(ぶっしょうげんぜん)。（一七頁）

一般的には、前の二句「欲知仏性義、当観時節因縁」は「仏性の義を知らんと欲(おも)はば、当(まさ)に時節の因縁を観ずべし」と読み、「仏性がどういうものであるかを知ろうと思うなら、因縁の道理を観察してみるのがよい」となります。そして後の二句「時節

34 情量　情識をもって思量すること。凡夫の妄想分別。**35 仏言**　出典は『聯燈会要』巻七の「経云、欲識仏性義、当観時節因縁。時節若至、其理自彰（経に云く、仏性の義を識(し)らんと欲はば、当に時節の因縁を観ずべし。時節若し至れば、其の理自ら彰(あらわ)る）」で、「其理自彰」を道元が「仏性現前」に改めたものと思われる。**36 因縁**　因果関係のこと。ここでは将来に仏性が現前する時節が熟すという因縁（因果関係）を意味する。

若至、仏性現前」は「時節若し至れば、仏性現前す」と読み、「時機がもし至れば、仏性が目の前に現れる」となります。つまり、修行すれば、因果の道理によって、修行の結果が実り、時機がやってくると、仏性が現れる、という意味に訳すことができます。

しかし、道元は、そのようには訳さないのです。

> 時節若至の道を、古今のやから往往におもはく、仏性の現前する時節の向後にあらんずるをまつなりとおもへり。かくのごとく修行しゆくところに、自然に仏性現前の時節にあふ。時節いたらざれば、参師問法[37]するにも、弁道功夫[38]するにも、現前せずといふ。恁麼見取して、いたづらに紅塵[39]にかへり、むなしく雲漢をまもる[40]。かくのごとくのたぐひ、おそらくは天然外道[41]の流類[42]なり。（中略）時節若至といふは、すでに時節いたれり、（中略）若至は既至といはんがごとし。時節若至すれば、仏性不至なり。しかあればすなはち、時節すでにいたれば、これ仏性の現前なり。あるいは其理自彰なり。おほよそ時節の若至せざる時節いまだあらず、仏性の現前せざる仏性あらざるなり。　（一八頁）

〈「時節若至」（時節もし至れば）という言葉を、昔の人も今の人も往々に次のように思っている、「仏性が目の前に現れる時が将来にあるだろうと待つのである」と。そして「そのように修行してゆくと自然に仏性が目の前に現れる時が来る。そのような時が来なければ、参師問法しても、弁道功夫しても、仏性は目の前に現れない」と言う。このように考えて、いたずらに俗世間に戻り、むなしく大空を眺めている。このようなたぐいは、おそらく天然外道のやからである。（中略）「時節若至」というのは、すでに時節は至っているということである、（中略）「若至」（もし至れば）というのは「既至」（すでに至っている）というのと同じである。時節がもし至ればなどと言っていたら、仏性は決して至らないのである。そうであるから、時節がすでに至っているから、仏性が目の前に現れているのである。また、その道理はおのずから明らかなのである。だいたい、〈仏性が目の前に現れる〉時節が至らない時節というのはいまだないのであり、仏性が目の前に現れない仏性もないのである。〉

37 参師問法　師に参じて仏法を問うこと。**38 弁道功夫**　修行に専心、努力すること。弁道は道を努めること、功夫も同義語。修行を強調した語。**39 紅塵**　俗世間。欲望に汚れた世間のこと。**40 雲漢をまもる**　「雲漢」は、天の川、大空。「まもる」は、見つめる、眺めるの意。**41 天然外道**　自然外道とも。修行しなくても、ありのままでよいと現実をそのまま肯定する外道。**42 流類**　仲間。

「時節若至」という語を書き下せば、「時節もし至れば」となり、〝時がやってくれば〟と解釈するのが普通です。しかし道元は、「若至(にゃくし)は、既至(きし)といはんがごとし」と言い、「もし至れば」とは「すでに至っている」ということである、と奇妙な解釈をしています。私の恩師、鏡島元隆(かがみしまげんりゅう)[43]先生は、このことについて次のように述べています。

> 仏性は衆生に内在している可能性ではなくて、衆生に現実在しているもの、いな、衆生そのものである。このような立場に立つ道元禅師からは、経文の「当観」とか「若至」という言葉は未来あるいは可能性をさす意味ではなくて、現在あるいは現実性を示す言葉として読みなおされたのである。
>
> (『道元禅師の引用経典・語録の研究』、一九六五年、木耳社、六四～六六頁)

いま私たちが、「時節若至」つまり〝時が至れば〟という言葉を、道元のように〝時はすでに至っている〟と解釈すれば、「それは誤訳である」と指摘されるでしょう。常識的にはそうです。しかし、道元の誤訳は〝素晴らしい誤訳〟であって、この誤訳によって「仏性」の真意を示そうとしたのです。

「仏性」は〝いずれ〟現れるなどと思ってはいけない、〝いま〟現さなければいけない、ということです。結局は〝修行しなければいけない〟ということなのです。しかし、修行を続けていれば、いずれ「仏性」が現れる時が来るというのではないのです。修行を続けている己に、「仏性」が現れている、「仏性」が現れ続けている、と道元は言うのです。

仏性は成仏よりのちに具わる

さて、最後にもう一つ、常識では考えられない道元の説示を見てみましょう。「仏性」は本来私たちに具わっているものではなく、成仏の時に具わるものであるというのです。

おほよそ仏性の道理、あきらむる先達すくなし。諸阿笈摩教[44]および経論師[45]のしる

43 鏡島元隆（一九一二〜二〇〇一）　禅学者、曹洞宗僧侶。静岡県出身。駒澤大学仏教学部教授、のちに駒澤大学総長。　**44 阿笈摩教**　上座部仏教のこと。　**45 経論師**　経師・論師のこと。経文を講義したり、読誦する僧。文字に書かれた経によって仏法の意義を理解する学僧で、実践を欠くものの意味にも用いられる。

べきにあらず。仏祖の児孫[46]のみ単伝[47]するなり。仏性の道理は、仏性は成仏よりさきに具足せるにあらず、成仏よりのちに具足するなり。仏性かならず成仏と同参[48]するなり。この道理よくよく参究功夫すべし、三二十年も功夫参学すべし。

（二二一〜二二三頁）

〈そもそも仏性の道理を、明らかにした先人達は少ない。諸々の阿笈摩教や経師・論師が知るはずがない。仏祖の法を嗣いだ児孫だけが伝えているのである。仏性の道理は、仏性は成仏するより先に具わっているのではなく、成仏より後に具わるのである。仏性は必ず成仏と同時に具わるのである。この道理をよくよく参じ究めるべきであり、三十年も二十年も修行して学ぶべきである。〉

「仏性の具足」（仏性が具わっているということ）と「成仏」（仏に成るということ）との関係についてのこの説示は、「仏性」の巻の中でも重要な説示であると考えられます。「仏性は成仏よりさきに具足せるにあらず、成仏よりのちに具足するなり」とは、「仏性の具足」と「成仏」が同時であることを示したものです。さらに端的に、「仏性かならず成仏と同参するなり」（仏性は必ず成仏の時、同時に具わるのである）とまで示しています。

『正法眼蔵』「栢樹子」の巻にも「仏性は成仏以後の荘厳なり、さらに成仏と同生同参する仏性もあるべし」（五四七頁）という説示が見られますが、これも「仏性」が具わることと「成仏」が同時であることを示しています。よって道元が示す「仏性の道理」とは、「成仏」以前からもともともっている〝成仏の可能性〟ではなく、修行を行ずるところに現れるものであって、「成仏」の意味についても、〝修行のところに現れる仏としてのあり方〟という意味と捉えることができるのです。

この章では、道元の「仏性」論についてお話ししましたが、「仏性」についての説示でも、道元が修行を重視したこと、いま現在を重視したこと、がうかがわれます。これがまた『正法眼蔵』を貫いている重要な視点です。〝いまやらないでいつやるのか〟〝いまこそ実践する時である〟ということです。

46 児孫　子と孫。ここでは仏祖の法を嗣ぐ者をいう。　**47 単伝**　仏法が釈尊から真っ直ぐ伝わってきたこと。　**48 同参**　同時に現れること。

第九章　まことの師を尊ぶ――「礼拝得髄」の巻

まことの師より学ぶことの大切さ、そして、まことの師とはどのような人を言うのかを、『正法眼蔵』「礼拝得髄（らいはいとくずい）」の巻から学びます。

その前に、まず道元が修行の用心を示した『学道用心集』[1]の一節を紹介します。それは、

正師を得ざれば、学ばざるに如（し）かず。（不得正師、不如不学。）　（五九頁）

というお示しです。〝正しい師を得られなかったら、かえって学ばないほうがよい〟というのです。

まことの師とは

まことの師のことを「正師（しょうし）」と言います。正しい師匠、正しい指導者のことですが、正師とはどのような人をいうのか、道元は『学道用心集』の中で次のように言います。

夫（そ）れ正師とは、年老耆宿（ねんろうぎしゆく）[2]を問わず、唯（た）だ仏法を明らめ、正師の印証（いんしょう）[3]を得たるなり。文字（もんじ）を先とせず、解会（げえ）を先とせず、格外の力量あり、過節（かせつ）の志気（しいき）ありて、我見に拘（かか）わらず、情識に滞（とどこお）らず、行解相応（ぎょうげそうおう）[4]する、是れ乃（すなわ）ち正師なり。

（五九～六〇頁。原漢文）

1『学道用心集』 天福二年（一二三四）頃、学人（修行僧）に対して学道（修行）の心得を示したもの。全十則からなる。この一節は第五則の「参禅学道可求正師事（参禅学道は正師を求むべき事）」にある。 **2 年老耆宿** 老年で学徳にすぐれた高僧。 **3 印証** 印可証明。師匠が弟子の境界（悟り）を証明すること。 **4 行解相応** 修行（実践）と知解（知的理解）が結びついていること。

〈正しい師とは、年老いているかどうかは関係なく、正しい仏法を明らかにしていて、正しい師から証明を得ている者である。（経典や語録に書かれている）文字を先とせず、知的理解を先とせず、世間の尺度を超えた力量があり、世間の常識を超えた志気があって、我見に拘わらず、世情に滞らず、修行と学問が一致しているのが、まさに正師である。〉

仏教に限らず、あらゆる職業においてもそうですが、正しい指導者から指導を受けることが大切です。

その指導者は、その道に精通しており、その指導者自身も、かつて正しい指導者から指導を受け認められた人であることが望まれるわけです。

そして僧侶の場合は、とりわけ実践（修行）が重んじられます。知識・教養を具えているだけでなく、僧侶としての大きな志をもっていて、我見（エゴ）を離れ、世間に流されず、実践（修行）と知識（学問）が一致しているのが、まさに「正師」であるというのです。

そして、もう一つ私が付け加えさせていただくならば、同じく『学道用心集』の第一則（四九頁）に「吾我の心生ぜず、名利の念起こらず」（エゴの心が生じることなく、名誉や利益を求める心が起こらない）とあるように、名誉欲や財欲から離れていることも、正師の重要な条件であると考えられます。

それでは次に、「礼拝得髄」の巻から、正しい師（指導者）とは何かについて学んでみましょう。次に挙げたのは「礼拝得髄」の巻の冒頭の部分です。

修行阿耨多羅三藐三菩提[5]の時節には、導師をうること、もともかたし。その導師は、男女等の相にあらず、大丈夫[6]なるべし、恁麼人[7]なるべし、古今人にあらず。野狐精[8]にして善知識[9]ならん、これ得髄[10]の面目なり、導利（師）なるべし。不昧因果[11]なり、儞我渠[12]なるべし。（三七七頁）

5 阿耨多羅三藐三菩提　古代インドの言語であるサンスクリット語（梵語とも）のアヌッタラサンミャクサンボーディの音訳。意訳では、無上正等正覚。無上の悟り、仏法のこと。**6 大丈夫**　すぐれた人物。立派な人。**7 恁麼人**　かくのごとき人という意味であるが、ここでは仏法を会得した人をいう。**8 野狐精**　野狐（野ぎつね）のこと。野干とも。『未曽有因縁経』巻上、『止観輔行伝弘決』巻四—四に、野干を師として礼拝問法した帝釈天（仏法の守護神）の話がある。**9 善知識**　立派な指導者のこと。知識は、人の模範となるべき人をいう。**10 得髄**　真髄を得ること。**11 不昧因果**　因果を味まさず。善因善果（善因楽果）、悪因悪果（悪因苦果）といった因果の道理が明らかであること。因果の道理はくらますことができないこと。ここでは、修行という因が、まさに仏という果であることをいう。**12 儞我渠**　″あなた″と″私″と″彼″。「渠」は第三人称の代名詞で、ここでは仏（導師）を指す。前句「不昧因果」を受けて、修行を行じているあなたや私が仏にほかならないことをいう。

〈無上の仏法を修行する時には、指導者を得ることが最も難しい。その指導者は、男であるとか女であるとかには関わらない、すぐれた人物であり、仏法を会得した人であり、それは昔も今も関係ない。野狐（野に住むキツネ）であっても立派な指導者であり、これが真髄を得た人のあり方であり、それが指導者なのである。修行を行じていることが仏のあり方であり、修行を行じているあなたも私も仏なのである。〉

仏教においても、正しい師を得ることは、とても大切なことです。すぐれた師とは、どのような人を言うのかは先に述べましたが、その師は、男であるとか女であるとかは関係ないのです。決して、昔の人は立派だったということも、今の人は劣っているということもないのです。年老いているとか、若いとかも関係ないのです。仏教においては、仏の道が如何にあるべきかを会得しており、そして、それを自ら行じていること、それが正しい師の条件であると言えます。

とにかく「法」を重んずる

いかなる道、いかなる職業でもそうでしょうが、その道における「法」というものがあると思います。それは憲法であったり法律であったり、規定や規則であったり、しきたりであったり、伝統であったり、技術であったり、芸能であったり、いろいろでしょうし、柔道、剣道、空手道、弓道などにおける極意もあれば、茶道や華道や書道などの精神や心得もあるでしょう。

そして、仏の道においては仏法を重んじます。仏法を重んじるからこそ、それを会得している人を「まことの師」として尊ぶのです。

法をおもくするは、たとひ露柱(ろちゅう)[13]なりとも、たとひ灯籠(とうろう)[13]なりとも、たとひ諸仏なりとも、たとひ野干(やかん)[14]なりとも、鬼神(きじん)[15]なりとも、男女(なんにょ)なりとも、大法を保任(ほうにん)し、吾髄(ごずい)

13 露柱・灯籠　露柱も灯籠も法堂（説法をする場所）や仏殿（仏の像などを安置した礼拝する場所）の荘厳物。露柱はむきだしの柱。灯籠は照明器具の一つ。ともに、無情（心を持たないもの）が法（真理）を説いているものの代表として挙げられる。　**14 野干**　野狐（野ぎつね）のこと。野狐(やこ)、野狐精(やこぜい)とも。

を汝得(にょとく)せる[16]あらば、身心(しんじん)を牀座(しょうざ)にして、無量劫(むりょうごう)[17]にも奉事(ぶじ)するなり。身心はうることやすし、世界に稲麻竹葦(とうまちくい)[18]のごとし、法はあふことまれなり。（三七八頁）

〈法を重んずるとは、露柱でも、灯籠でも、諸仏でも、野狐でも、鬼神でも、男でも女でも、大いなる仏法を保持し、仏法の真髄を会得した師があったならば、その人に自分の身体も心も任せて、命ある限りお仕えするのである。人間として生まれてくることは難しくない、世界に星の数ほどいる。しかし仏法に出会うことは稀なのである。〉

さらに、次にあるように、まことの師に出会ったならば、その人の氏素姓や外見を問題としてはならないともいうのです。

釈迦牟尼仏のいはく、無上菩提を演説する師にあはんには、種姓(しゅしょう)[19]を観ずることなかれ、容顔をみることなかれ、非をきらふことなかれ、行(おこない)をかんがふることなかれ。ただ般若を尊重(そんじゅう)するがゆゑに。（三七八頁）

現代語訳は省略しますが、この部分は釈迦牟尼仏の言葉として示されています。種姓とは、当時のインドにおける四種姓（ヴァルナ）制、つまりカースト制度を指していると思われます。そして「演説」するとは、仏法を説くこと、説法をすることをいいます。仏法を説く正しい指導者に出会ったなら、その人の身分を問題としてはならないのです。

ここで、「非をきらふことなかれ」あるいは「行をかんがふることなかれ」というのは、仏法を会得し、仏法を説く指導者は、常識的にみると、「非」つまり欠点として感じたり、その「行」が悪行のように見えても、実はそれらが仏の慈悲にもとづいたものである場合もあるので、外見や表面的な行いで判断してはならないことを述べています。

たとえば、次の話は『正法眼蔵随聞記』に出てくるのですが、栄西が、仏像の光背を作る材料として取ってあった大切な寺の什物（寺院の所有物）を、生活に困窮して

15 鬼神　変化自在の力を有し、仏法・国土を守護し、または凶悪を振って人畜等を悩ます怪物。**16 吾髄を汝得せる**　中国禅宗初祖の達磨から二祖慧可が法を嗣いだ話。道元は『正法眼蔵』「葛藤」の巻でこの話を挙げ提唱している。**17 無量劫**　永遠に近い時間のこと。**18 稲麻竹葦**　稲と麻と竹と葦。いずれも広い地域に群生し限りなく存在するもの。星の数ほどある意。**19 種姓**　氏素姓。古代インドにおける四種姓（バラモン・クシャトリア・ヴァイシャ・シュードラ）を踏まえたもの。

いる人に、これを売って何かを食べなさい、と与えてしまった話があります。これは寺の規則では、「仏物己用の罪」(仏様の物を個人が勝手に用いる罪)になるのです。重い罪です。栄西の行為は、寺の規則を破るという「罪」、つまり「非」に当たるわけですが、栄西にとってみれば、食べる物がない貧しい人を救った慈悲行であったのです。

また、同じく『正法眼蔵随聞記』に恵心僧都源信[20]の話が見られます。源信は、寺の境内にやってくる鹿を、寺の者に指図して、棒で打って追い払わせました。人々はこれを知って、何とひどいことをと非難するのですが、源信は智慧をはたらかせて行っていたのです。鹿は、人間に近づき、人間に慣れてしまうと、人間を恐れることがなくなってしまう。もし悪意をもった人間がいて、鹿を捕らえ殺すようなことがあってはいけない、と源信はあえて人間を恐れるように、鹿を打って追い払っていたのです。

常識的には規則を破ることであったり、表面的には悪行であっても、栄西や源信のように、智慧や慈悲の心から行っていることもあるので、ここで道元は、仏法を会得し、仏法を説く正しい指導者に出会ったならば、「非をきらふことなかれ」「行をかんがふることなかれ」と言っているわけです。それは、指導者の「般若」(智慧)をより尊重するからです。

まことの師は、地位や立場とは関係ない

僧侶の世界においても、世間同様、さまざまな級階や、地位や名誉があります。しかしこれらは、まことの師においては、一切関係ないことが、次に示されています。

不聞仏法の愚癡のたぐひおもはくは、われは大比丘[21]なり、年少の得法[22]を拝すべからず、われは久修練行[23]なり、得法の晩学を拝すべからず、われは師号[24]に署せり、師号なきを拝すべからず、われは法務司[25]なり、得法の俗男・俗女を拝すべからず、われは僧正司[26]なり、得法の余僧を拝すべからず、われは三賢十聖[27]なり、得法せりとも比丘尼等を礼拝すべからず、われは帝胤[28]なり、得法なりとも臣家・相門[29]を

20 **源信**（九四二〜一〇一七）平安中期の僧。九歳で比叡山に登り、十八代天台座主の良源に師事。十三歳で得度受戒ののち横川の恵心院に住した。九八五年、浄土教の代表経典『往生要集』三巻を書き上げ、念仏による極楽浄土への往生を説いた。　21 **大比丘**　長老の比丘。年配の僧侶をいう。　22 **得法**　仏法の奥義を会得すること。また会得した人。　23 **久修練行**　久しく修練を行うこと。長年修行を行った者。　24 **師号**　大師・国師・禅師などの称号で、朝廷などから授与される。　25 **法務司**　僧正司（地方僧官の長）の下にあって、法務・仏事などを扱う僧官。
26 **僧正司**　地方僧官の長。管内寺院の寺領の下賜や僧侶の任命等の庶務を司る。

拝すべからずといふ。かくのごとくの癡人(ちにん)[30]、いたづらに父国をはなれて[31]、他国の道路に跉跰(れいへい)するによりて、仏道を見聞せざるなり。（三七九頁）

〈仏法を聞いたことがない愚かな者たちは思う、「私は長老の僧侶である。得法していても年少の僧を礼拝することはしない。」「私は長年修行を積んだ僧侶である。得法していても晩年になって出家した修行の浅い僧侶を礼拝することはしない。」「私は師号を頂いている。〈得法していても〉師号のない僧侶を礼拝することはしない。」「私は法務司である。得法していても一般の僧侶を礼拝することはしない。」「私は僧正司である。得法していても在俗の男女を礼拝することはしない。」「私は三賢十聖である。得法していても比丘尼などを礼拝することはしない。」「私は帝胤である。得法していても家臣相門を礼拝することはしない。」と言う。このような愚か者は、むだに父（仏）の国を離れて、他国の道路をさまよい歩くのであり、仏道を見聞しないのである。〉

現代語訳を読んでいただいた通りですが、まことの師には、老若男女は関係なく、身分や地位も、全く関係ないということです。

また、年齢に関係ないことについては、特に趙州(じょうしゅう)[32]の次のような話が挙げられています。

まことの師は、年齢とは関係ない

趙州は中国唐代の最も有名な禅僧の一人であり、六十一歳で出家し、百二十歳まで生き、多くの行業を遺して、その後の中国の禅に大きな影響を与えた人物です。この趙州に有名な言葉があり、これを道元が紹介して称えています。

27 三賢十聖　修行の階位。菩薩修行の五十二位（十信・十住・十行・十回向・十地・等覚・妙覚）中の十住・十行・十回向の三十位を「三賢」といい、その上の聖位である十地を「十聖」という。修行の階位ではかなり高い階位。**28 帝胤**　天子の血筋の家柄。**29 臣家・相門**　臣家はここでは天子の家臣の家柄。相門は大臣・宰相の家柄。**30 癡人**　愚かな人。**31 父国をはなれて**　『法華経』「信解品」の「長者窮子（跉跰窮子）」の故事による。「跉跰」とは、さまよい歩くさま。むかし長者の一子が、故郷を離れて他国をさまよい歩き、困窮して乞食となって数年をへて故郷へ帰り、父の家の門辺に立って乞食した。これを見た父は、乞食する者が我が子であるのを知って家に入れ、自分の臨終に際して我が子であることを知らせ家督を継がせたという故事。**32 趙州（真際大師）**（七七八〜八九七）　中国唐代の禅僧、趙州従諗（じゅうしん）。真際大師は諡号。南泉普願の法嗣（弟子）。六十一歳のとき出家し、百二十歳まで生きたとされる。

むかし唐朝の趙州真際大師、こころをおこして発足行脚せしちなみにいふ、たとひ七歳なりとも、われよりも勝ならば、われ、かれにとふべし。たとひ百歳なりとも、われよりも劣ならば、われ、かれをしふべし。

七歳に問法せんとき、老漢、礼拝すべきなり。奇夷の志気なり、古仏[33]の心術なり。得道[34]得法の比丘尼[35]、出世[36]せるとき、求法参学の比丘僧[37]、その会に投じて礼拝問法するは、参学勝躅[38]なり。たとへば、渇に飲にあふがごとくなるべし。

（三七九～三八〇頁）

〈むかし唐の時代の趙州真際大師は、仏道を求める心をおこして行脚の旅に出掛けるときに言った、「かりに七歳の童子であっても、私よりまさっていたならば、私は彼に仏法を問うであろう。かりに百歳の老人であっても、私より劣っていたならば、私は彼に仏法を教えるであろう」と。

七歳の童子に仏法を問うとき、老人は彼を礼拝するべきであり、それが素晴らしい志であり、すぐれた仏の心得である。得道・得法の比丘尼（女性僧侶）が寺院の住職になるとき、仏法を求め参学している比丘僧（男性僧侶）は、その法会に身を投じて礼拝し仏法を問うのは、参学する者のすぐれた行いである。喩えるならば、喉が渇いているときに、水を飲むときの潤いと同じである。〉

六十歳を超えた禅僧が、もし七歳の子供であっても自分よりもまさっていたならば教えを請う、この話は、僧侶の世界では有名な話です。子供であるからと言って、見下してはいけないのです。僧侶の世界に限らず、一般の社会においても、このような心得は重要であると私は思います。

まことの師に、男女は関係ない

次に、道元は、まことの師に男女は関係ないことについて、「礼拝得髄」の巻で二つの話を挙げていますが、その一つを紹介してみましょう。中国唐代の尼僧、妙信尼の話です。

妙信尼（みょうしんに）[39]は、仰山（きょうざん）[40]の弟子なり。仰山、ときに解院主（かいいんじゅ）[41]を選するに、仰山、あまねく

33 古仏　すぐれた仏。「古」は古いという意ではなくすぐれていること。**34 得道**　仏道を会得すること。悟りを得ること。**35 比丘尼**　女性僧侶。**36 出世**　請われて寺院の住職になること。
37 比丘　男性僧侶。**38 勝躅**　すぐれた跡形、行い。素晴らしい故事。**39 妙信尼**　中国唐代の尼僧。仰山の法嗣。

勤旧[42]・前資[43]等にとふ、たれ人かその仁[44]なる。問答往来するに、仰山、つひにいはく、信准子[45]、これ女流なりといへども、大丈夫の志気あり、まさに廨院主とするにたへたり。衆みな応諾す。妙信、つひに廨院主に充す。ときに、仰山の会下にある龍象[46]、うらみず。まことに非細の職[47]にあらざれども、選にあたらん自己としては、自愛しつべし。

充職して廨院にあるとき、蜀僧[48]十七人ありて、黨をむすびて尋師訪道するに、仰山にのぼらんとして、薄暮に廨院に宿す。歇息する夜話に、曹溪高祖の風幡の話[49]を挙す。十七人おのおのいふこと、みな道不是なり。ときに廨院主、かべのほかにありてききていはく、十七頭の瞎驢[50]、をしむべし、いくばくの草鞋をかつひやす、仏法也未夢見在[51]（仏法すらも未だ夢にも見ざることあり）。

ときに行者[52]ありて、廨院主の、僧を不肯するをききて十七僧にかたるに、十七僧ともに、廨院主の不肯するをうらみず、おのれが道不得をはぢて、すなはち威儀を具し、焼香礼拝して請問す。

廨院主いはく、近前来。十七僧、近前するあゆみいまだやまざるに、廨院主いはく、不是風動。不是幡動。不是心動（是れ風の動ずるにあらず、是れ幡の動ずるにあらず、是れ心の動ずるにあらず）。かくのごとく為道するに、十七僧ともに有省なり。礼謝して師資の儀をなす。すみやかに西蜀にかへる。つひに仰山にのぼらず。まことにこれ三賢・十聖[53]のおよぶところにあらず、仏祖嫡嫡の道業なり。
しかあれば、いまも住持および半座の職[54]むなしからんときは、比丘尼の得法せらんを請ずべし。比丘の高年宿老なりとも、得法せざらん、なにの要かあらん。為衆[55]の主人、かならず明眼[56]によるべし。

（三八一〜三八二頁）

40 仰山（八〇七〜八八三）　仰山慧寂。潙山霊祐の法嗣。潙山と共に中国禅宗五家の潙仰宗の祖とされる。南陽慧忠（六祖慧能の弟子）の法嗣である耽源真応に学んだのち、潙山に師事し法嗣となり袁州（江西省）仰山に住した。予言に長け小釈迦と呼ばれた。**41 廨院主**　廨院は寺院において渉外に関する業務を行うところ。廨院主はその主任。**42 勤旧**　勤は寺院の諸事務を勤める知事（役職）。旧はその役職の経験者。**43 前資**　以前に事務を資助した人の尊称。**44 仁**　有徳の人。**45 信淮子**　淮陰地方（江蘇省）出身の妙信尼の意。**46 龍象**　すぐれた識見・力量を備えた禅僧。**47 非細の職**　要職。**48 蜀僧**　西蜀（四川省地方）の僧。**49 曹溪高祖の風幡の話**　二僧が、幡が風にはためくのをめぐって、風が動くのか、幡が動くのかと争論するのに対し、曹溪高祖（六祖慧能）が「仁者心動」（あなたの心が動いている）と言った故事。**50 瞎驢**　目の見えない驢馬（ロバ）。仏法のことがよくわかっていない僧侶を喩える。**51 仏法也未夢見在**　仏法を夢にも見たことがない。仏の教えを全くわかっていないこと。**52 行者**　侍者。役僧に仕えて用務する僧。**53 三賢・十聖**　注27参照　**54 半座の職**　修行僧のリーダーのこと。住持（住職）が自分の説法の座を半分譲る（住持に代わって説法を行う）ほどの力量のある役職。**55 為衆**　衆生の為めに教えを説くこと。衆生を指導すること。**56 明眼**　ものごとを見る眼が明らかで正しいこと。またその人。

〈妙信尼は仰山の弟子である。仰山が、あるとき廨院主を選ぶにあたり、役職を務める僧や、役職経験者などに誰が適任者か相談した。いろいろな意見が出たが、仰山は最後に言った、「信淮子（妙信）は女性であるが、すばらしい志をもっている。まさに廨院主の適任者である」と。みなも賛成した。果たして妙信が廨院主に就任した。そのとき仰山の門下の力ある僧侶たちで不満に思う者はいなかった。要職とは言えないが、選ばれた妙信は自重して務めたに違いない。

就任して廨院にいたとき、西蜀の僧十七人が団体で仰山に教えを受けるため訪ねてきた。翌日、仰山に会おうとして、夕暮れに潙院に宿泊することになった。夜の茶飲み話の中で、曹溪高祖の風幡の話が話題となった。十七人の僧はそれぞれ見解を述べたが、どれも正しい理解ではなかった。その様子を廨院主が壁を隔てて聞いていて、ぽつりとつぶやいた、「十七頭の目の見えない驢馬たちよ、惜しいことだ、どれだけ行脚修行の旅に無駄に草履を使ったことか。仏法が何もわかっていない」と。

そのとき廨院主の侍者が傍らにいて、廨院主が〝僧たちは何もわかっていない〟と言ったのを聞いて、それを十七人の僧に語ると、十七人の僧はみな廨院主が言ったことを怨まず、自分たちがわかっていないことを恥ずかしく思って、威儀を正して、焼香礼拝して教えを請うた。

解院主は言った、「近くに来なさい」と。十七人の僧が、前に近づく歩みの途中で、解院主は言った、「風が動くのではない、幡が動くのではない。心が動くのでもない」と。このように言うと、十七人の僧はみな悟るところがあった。感謝の礼拝をして師と弟子としての儀を行った。そしてすぐに西蜀に帰ってしまった。結局、仰山には会いに行かなかった。まことにこれは三賢十聖のおよぶところではない、仏祖の正統的な行いである。

このようであるから、現在でも住持（住職）や首座が空席である時は、比丘尼（女性の僧侶）で仏法を会得した者を拝請するのである。比丘（男性の僧侶）で高齢者であっても、仏法を会得していない者は、用無しである。衆生を指導する主人は、必ず明らかな眼を持った人でなければならない。〉

妙信尼という比丘尼の故事を紹介しましたが、性差別がいまだに解消されていない現代において、傾聴すべき話です。今から約一二〇〇年も前の中国の禅宗において、このような話があるのです。現代を生きる私たちも見習わなくてはなりません。

きわめつけは道元の次の言葉です。

男児なにをもてか貴ならん。虚空[57]は虚空なり、四大[58]は四大なり、五蘊[59]は五蘊なり、女流もまたかくのごとし、得道はいづれも得道す。ただし、いづれも得法を敬重すべし、男女を論ずることなかれ。これ仏道極妙の法則なり。（三八三頁）

〈男性がどうして尊いことがあろう（そんなことは全くない。男性は男性である）。虚空は虚空であり、四大は四大であり、五蘊は五蘊でり、女性もまた同様であり（女性は女性であり）、得道する者は、（男でも女でも）得道する。ただし、いずれも（男であること女であることではなく）得道そのものを尊重すべきであり、男女を論じてはいけない。これが仏道において、きわめてすばらしい法則である。〉

男性だからといって尊いのではありません。同様に、女性だからといって尊いのではありません。仏の道においては、仏の教え、仏の道を会得した者を尊重します。また、世間一般においても、地位や名誉でなく、また男であるとか女であるからではなく、年老いているから若いからではなく、基本的にすべての人が平等に尊重されるべきではないでしょうか。

まことの師に、出家・在家は関係ない

仏法や仏道などというと、出家の世界、僧侶の世界でのことであると思われるでしょうが、まことの師に出家・在家は関係ありません。最後に道元は次のように述べています。

又、宋朝に居士[60]といふは、未出家の士夫なり。庵居して夫婦そなはれるもあり、また孤独潔白なるもあり。なほ塵労稠林[61]といひぬべし。しかあれども、あきらむるところあるは、雲衲霞袂[62]あつまりて礼拝請益[63]すること、出家の宗匠におなじ。（三八四頁）

57 虚空　天空、空中の意。空間の世界、宇宙をも言う。**58 四大**　万有を構成する四つの要素。地・水・火・風。固体・液体・熱量・気体。**59 五蘊**　五つの集まり。色・受・想・行・識。色は物質（肉体）、受・想・行・識は心のはたらきを分類したもの。**60 居士**　出家していない男性のこと。**61 塵労稠林**　塵労は煩悩の異名。塵（煩悩）にわずらわされること。稠林は生い茂っている林。樹木が密生している林のように煩悩が湧き起こっていること。**62 雲衲霞袂**　雲水、修行者、行脚僧のこと。**63 請益**　弟子が師匠に教えを請い、自分を益すること。

〈また、中国の宋の国に居士がいた。居士というのは出家していない男性である。庵に夫婦で住んでいる者もおり、また一人清らかな生活をしている者もいた。それでも〈出家ではないから〉煩悩欲望の渦巻く俗世間の者と言えるだろう。しかしながら、仏法を明らかに会得したものがあれば、修行僧たちが集まって、礼拝して教えを請うことは、出家の師匠と同じであった。〉

鎌倉時代、道元の生きていた時代は、出家（僧侶）と在家（一般の人）とでは、その生活に大きな違いがありました。

出家とは世間を離れ、地位や財産や名誉を離れた存在であり、在家とは、それらのしがらみの中で生きている人々でありました。それでも、在家の中にも、仏法を学び、会得する人々もいたのです。それらの居士のもとには、修行僧も集まって礼拝し、教えを受けたとされます。

かつてインドには、維摩(ゆいま)居士[64]や、勝鬘夫人(しょうまんぶにん)[65]のように、在家者の中にも出家僧もはるかに及ばないすぐれた人がいましたし、中国にも龐(ほう)居士[66]や白楽天[67]など、名の知られた居士がいます。

この「礼拝得髄」の巻は、延応二年（一二四〇年）三月に、京都の興聖寺で書かれたものです。この巻には二倍ほどの分量の異本（永平寺所蔵、二十八巻本「秘密正法眼蔵」初巻第八）が存在します。

その後半の部分は、後に書き加えられたか、あるいは後に削除されたものなのか定かではありませんが、その中に、

また、日本国に、ひとつのわらひごとあり。いはゆる、あるひは結界の境地と称し、あるひは大乗の道場と称して、比丘尼・女人等を来入せしめず。邪風ひさしくつたはれて、人、わきまふることなし。（三八九頁）

〈また、日本の国に、一つの笑い事がある。それは、結界の場所と称し、大乗

64 維摩居士　維摩は維摩詰の略。釈尊の時代の長者。居士は在家信者のこと。大乗経典『維摩経』の主人公。大乗の教理を体得している。経典は出家の仏弟子を在家信者の維摩が論破するという構成になっている。　**65 勝鬘夫人**　釈尊時代にコーサラ国の王女として舎衛城に生まれ、父王の勧めによって深く仏教に帰依した。長じてアヨーディヤー国王に嫁し、勝鬘夫人として知られた。　**66 龐居士**（?～八一五）　龐蘊。馬祖道一に参じた居士。　**67 白楽天**（七七二～八四六）中唐時代の代表的詩人。名は居易。

の道場と称して、比丘尼・女人などを入れさせないことがある。誤った慣習が長い間伝わっていて、そのこと〈の愚かさ〉を弁えていない。〉

という、霊山の女人禁制[68]を批判する説示も見られるのです。

さて、この章では「まことの師を尊ぶ」と題して、いかなることよりも法を重んじた道元の教えを学びました。

その中で、道元が、今から約八〇〇年も前に、男女平等を主張していたことは、驚くべきことであると思います。

68 **女人禁制**　社寺、山岳などで、女性に対する差別や、僧の修行の妨げになるなどの理由で、結界を設け女性を立ち入れないようにしたこと。比叡山、高野山などの霊山で女人禁制が一般化した。道元、法然らは女人禁制に批判的であった。一八七二年（明治五）に制度的には廃止になった。

第十章　山が歩く――「山水経」の巻

まず、「山水経(さんすいきょう)」という題目（巻目）について説明します。「山や水のお経」、つまり、山や水が経を説いている、という意味になります。

お経というと、『般若心経』や『法華経』や『阿弥陀経』などというように、言葉で書かれた仏教の経典を言いますが、道元は実は、大自然も常にお経を説いているのだというのです。

道元の和歌に、

峯(みね)の色(いろ)　谷(たに)の響(ひびき)も皆(みな)ながら、吾(わ)が釈迦牟尼の声(こえ)と姿(すがた)と

（『道元禅師和歌』）

〈山々の色合いも、谷川の響きも、皆お釈迦さまの声であり姿である〉

とあります。つまり、大自然の姿をしたお釈迦様が説法をしている、お経を説いているというのです。それが前提となって「山水経」の巻が書かれていると思われます。この巻では、大自然というものを道元がどう見ていたのか、山や水を代表させて、説いています。

さて、「山水経」の巻の冒頭の部分から紹介します。

而今（にこん）[1]の山水（さんすい）は、古仏（こぶつ）[2]の道（どう）[3]現成（げんじょう）なり。ともに法位（ほうい）[4]に住（じゅう）して、究尽（ぐうじん）の功徳（くどく）を成（じょう）ぜり。（三九四頁）

〈いま目の前にある山や水は、釈迦牟尼仏の説法が現れているのである。山も水も、ともにそれぞれのあり方にあって、究め尽くされた功徳を現している。〉

1 而今　目下、只今の義。まさに今。**2 古仏**　古の仏。過去世に現れた諸仏の総称。また、有徳の僧を尊敬して言う。高僧。ここでは古（いにしえ）の勝れた仏、釈迦牟尼仏を指すか。**3 道**　道程（みち）という解釈もあるが、私は言葉（説法）と解釈した。**4 法位**　あらゆる物事のあり方。「法位に住する」とは、あらゆる物事がそれぞれのあり方を現していること。『法華経』「方便品」にある語。

ここに示されているように、私たちの身近にある山や水は、そのあり方を充分に現すことで、お釈迦さまの教えを説いているといいます。山や水のあり方、そして山や水の究め尽くされた功徳が、お釈迦さまの説法だということを、以下「山水経」の巻から学んでみましょう。

山が歩くことを疑ってはならない

山は、不動如山[5]（動かざること山の如し）という言葉があるように、どっしりとしていて不動のものの象徴です。

しかし、禅の世界には、山は常に動いている、という次のような有名な言葉があります。

青山常運歩、石女夜生児。[6]（青山は常に運歩し、石女が夜、児を生む。）

この言葉は、中国宋代の禅僧、芙蓉道楷[7]の言葉ですが、山が歩き、石女が子を産むという意味です。常識では理解できない言葉です。

道元は、「山水経」の巻で、この言葉を取り上げ、次に示すように、山が歩くということを疑ってはならないと言います。

山は、そなはるべき功徳の、虧闕(きけつ)[8]することなし。このゆゑに常安住(じょうあんじゅう)なり、常運歩(じょううんぽ)なり。その運歩の功徳、まさに審細に参学すべし。山の運歩は、人の運歩のごとくなるべきがゆゑに、人間の行歩(ぎょうほ)におなじくみえざればとて、山の運歩をうたがふことなかれ。（三九四頁）

5 不動如山　『孫子』の句。「其疾如風、其徐如林、侵掠如火、不動如山、難知如陰、動如雷霆」（其の疾(はや)きこと風のごとく、其の徐(しず)かなること林のごとく、侵掠(しんりゃく)すること火のごとく、動かざること山の如く、知り難きこと陰の如く、動くこと雷霆(らいてい)の如し）。武田信玄が軍旗に記したとされていることで有名。**6 石女**　石の女。ここでは〝うまずめ〟（子を産まない女）を言うのではなく、単に石の女という意か。「山水経」の巻に「石女」の解説に「男石女石あり、非男石女石あり。天石あり、地石あり」とある。『宝鏡三昧』には「木人方歌、石女起舞」という語も見られる。「石女夜生児」とは情識（思慮分別のはたらき）を超えたはたらきを言う。**7 芙蓉道楷**（一〇四三～一一一八）　投子義青（一〇三二～一〇八三）の法嗣。道元の六代前の祖師。**8 虧闕**　欠けること。虧も闕も欠けるという意味。

〈山は、具わるはずの功徳（はたらき）が欠けていることはない。だから常に安らかに止まっているし、常に歩いている。その歩くという功徳を、詳しく学ばなければいけない。山が歩くのは、人が歩くようであるはずであるから（と思って）、人間が歩くのと同じように見えないからといって、山が歩くのを疑ってはいけない。〉

山には、あらゆる功徳が具わっているというのです。功徳というのは、善いことを行った場合の、よい結果をいいますが、ここでは〝素晴らしいはたらき〟というくらいの意味です。山には素晴らしいはたらきが、欠けることなく具わっているということです。後述しますが、それは山に限ったことではなく、海にも空にも大地にも、また人間にも具わっているというのです。そして、「安住」（止まる）という言葉と「運歩」（歩く）という言葉は、相反する言葉ですが、それが共に肯定されていることに注意すべきです。そこに、禅僧がいう「山が歩く」ということを理解するヒントがあると思われ、人間が歩くのと同じような〝歩き方〟をするのではないということはわかります。

それでは「山が歩く」とはどのような歩き方なのでしょうか。

山が歩くことを疑う者は、自分が歩くことを知らない

いま仏祖の説道、すでに運歩を指示す、これその得本なり。常運歩の示衆を究弁すべし。運歩のゆゑに常なり。青山の運歩は、其疾如風[9]よりもすみやかなれども、山中人は不覚不知なり。山中とは、世界裏の華開[10]なり。山外人は不覚不知なり。もし山の運歩を疑著するは、自己の運歩をも、いまだしらざるなり、自己の運歩なきにはあらず、自己の運歩いまだしらざるなり、あきらめざるなり。自己の運歩をしらんがごとき、まさに青山の運歩をもしるべきなり。

（三九四～三九五頁）

〈ここで仏祖が説かれている言葉は、すでに山が歩くことを示している、この

9 其疾如風　『法華経』「譬喩品」で大白牛車を形容する「行歩平生、其疾如風」に基づく語。また、『孫子』の句。「其の疾きこと風の如し」。本章注5参照。　**10 世界裏の華開**　禅語に「華開世界起」（華開いて世界起こる）という語がある（般若多羅の菩提達磨への伝法偈の第四句）。一輪の花が開いたとき世界が同時に起こるとは、華と世界が一つであることをいい、ここでは山中の人が山と一体であることをいう。一体であるからこそ、山の運歩を覚知することがない意。

言葉がそのおおもとになっている。「常運歩」（常に歩いている）という説法を究め弁えなければならない。歩くから「常」というのである。青山が歩くのは、風が速く吹くのよりも速いのであるが、山の中に居る人はそれを覚知することがない。山の中とは、世界に華が開くのである。山の外の人は覚知しないのである。山を見る目がない人は、覚知せず、見聞しないのは、この道理である。もし山が歩くことを疑うのは、自分が歩くことをも、未だ知らないのである。自分が歩くことは、ないのではない、自分が歩くことを未だ知らないのである、明らかにしていないのである。自分が歩くことを知ったならば、まさに青山が歩くことも知るはずである。〉

禅の教えや道元がいう「山が歩く」ということは、いったい何を意味するのか、よく考えてみなければなりません。

この部分を読むと、私は地球に思いを巡らします。私たちは止まっているときでも、地球は時速一七〇〇キロで回転（自転[11]）しています。また地球はものすごい早さで太陽の周りを回転（公転[11]）していますが、その速さは数字に表せないくらいだと言われます。しかし私たちはそのことを自覚することはありません。地球と一体だからです。

このように私たちが通常言っている「歩く」や「動く」ということとはかなり異な

っています。私たちが通常見ている世界とは違うものを示しています。

同じ水にも様々な見方がある

次に、水についての道元の教説を見てみましょう。前述の山だけでなく、すべてに対する見方がそうなのですが、特に水については、仏教ではよく知られた「一水四見（いっすいしけん）」[12]の喩えがあます。道元もこの喩え話を挙げて、私たちの固定観念を戒めています。

一水四見とは、同じ水でも見る人によって見方が異なることの喩えです。

おほよそ山水をみること、種類にしたがひて不同あり。いはゆる水をみるに、瓔（よう）

11 地球の自転と公転　地球は円周約四万キロを二十四時間で一周するため、時速およそ千六百七十キロで回転している。太陽から地球までの距離は平均で一億四千九百六十万キロあり、軌道を一年で一周する速度は、平均で秒速二十九・八キロと超高速である。**12 一水四見**　同一の水を、天上界にいる天人は瓔珞と見る（天から見ると海や湖の水は太陽光が反射して宝石のように見える）。人間は水と見る。餓鬼は膿血と見る。魚は住居（宮殿）と見る。この喩えは『摂大乗論釈』に見られる。

路[13]とみるものあり。しかあれども、瓔珞を水とみるにはあらず。われらがなにとみるかたちを、かれが水とすらん。かれが瓔珞は、われ水とみる。水を妙華とみるあり。しかあれども、華を水ともちゐるにあらず。鬼は、水をもて猛火[14]とみる、濃血[15]とみる。竜魚[16]は、宮殿とみる、楼台とみる。あるひは七宝[17]摩尼珠[18]とみる、あるひは樹林牆壁とみる、あるひは清浄解脱の法性とみる、あるひは真実人体[19]とみる、あるひは身相・心性とみる。人間、これを水とみる。殺活[20]の因縁なり。

（三九九〜四〇〇頁）

〈だいたい水を見ることも、生きているものの種類によって異なっている。いわゆる水を見るのに瓔珞と見る者（天上界の天人のこと）がある。しかし、瓔珞を水と見るのではない。私たちが、別の「何か」と見ているものを、彼（天人）が水とするのである。彼が瓔珞と見ているものを、私たち人間は水と見るのである。水を妙なる華と見る者もある。しかし、華を水のように用いるのでない。鬼は、水を激しく燃える炎と見る、濃血と見る。竜や魚は、宮殿と見る、楼台と見る。あるいは（他にも）七宝や宝石と見たり、樹林や牆壁と見たり、清らかな煩悩のない真如と見たり、仏の姿と見たり、体や心と見るものもある。人間はこれを水と見る。自由自在なものなのである。〉

水という存在はそれぞれ生命体によって異なっているというのです。魚にとって水の中は「住処（すみか）」ですから、私たちにとっての大地と同じです。空を飛ぶ鳥にとってみれば、鳥の「住処」は虚空つまり空間であり大空です。魚にとって大地や空間は命を危険にさらすところですし、鳥にとって水の中は、やはり生きてはいけないところです。生命体によって、同じ水が、同じ空が、それぞれ異なった存在であるというのです。

魚は水を宮殿と見る

さらに、道元の水についての教説を見てみましょう。

13 瓔珞　金銀珠宝を連ねた首飾りのこと。仏像などを装飾する。**14 猛火**　激しく燃える炎。餓鬼が水を飲もうとすると炎となって燃えてしまい、渇きを満たすことができないことにもとづく。**15 濃血**　正しくは膿血か。膿汁に血が混じったもの。地獄の風景に見られる罪人から流れ出た血のこと。**16 竜魚**　竜や魚。**17 七宝**　七つの宝物。金・銀・瑠璃（るり）・玻璃（はり）・硨磲（しゃこ）・珊瑚・瑪瑙（めのう）。**18 摩尼珠**　宝石、宝玉のこと。**19 真実人体**　仏の姿。本来のあり方がありのままに現れているさま。**20 殺活**　禅の指導者が学人を指導する手段が自由自在であることを示した語。自由自在の意。

竜魚の、水を宮殿とみるとき、人の、宮殿をみるがごとくなるべし、さらにながれゆくと知見すべからず。もし傍観ありて、なんぢが宮殿は流水なりと為説せ[21]んときは、われらがいま山流の道著を聞著するがごとく、竜魚たちまちに驚疑すべきなり。さらに宮殿・楼閣の欄階[22]・露柱[23]は、かくのごとくの説著ありと保任することもあらん。この料理[24]、しづかにおもひきたり、おもひもてゆくべし。この辺表[25]に透脱[26]を学せざれば、凡夫の身心を解脱せるにあらず、仏祖の国土を究尽せるにあらず、凡夫の国土を究尽せるにあらず、凡夫の宮殿を究尽せるにあらず。いま人間には、海のこころ、江のこころを、ふかく水と知見せりといへども、竜魚等は、いかなるものをもて水と知見し、水と使用すと、いまだしらず。おろかに、わが水と知見するを、いづれのたぐひも水にもちゐるらん、と認ずることなかれ。（四〇三～四〇四頁）

〈竜魚が、水を宮殿と見るとき、人が、宮殿と見るのと同じである、けっして流れてゆくとは知見しない。もし傍観者がいて、「あなたの宮殿は水が流れているのですよ」と竜魚に言えば、私たちが〝山が流れる〟という言葉を聞くように、竜魚はにわかに驚き疑うに違いない。その上であらためて宮殿や楼閣の欄干や階段・円柱などは、そのような言い方もあるのかと理解することもあろう。このような理解を、おちついて思い考えなさい。この固定観念から脱却することを学ばなければ、凡夫の身心を脱却することはできず、仏祖の国土を究め尽くすことはできず、凡夫の国土も究め尽くすことはできず、凡夫の宮殿を究め尽くすこともできない。

いま人間には、海のおもむきや、江（川）のおもむきを、深く水と見たとしても、竜魚らは、どのようなものを水と見て、水と用いていることを、いまだ知らない。愚かに、自分たちが水と見ているものを、他の生き物も同じように水と見て用いているのだろうと、認識してはならない。〉

さて、これらの道元の教説に、言葉を尽くして、同じ水にもいろいろな見方があって、魚や鳥たちは、人間が水を見るのと同じように水を見ているのではないということが、説かれています。そして、その水の世界には、さらに私たちの想像の及ばない世界があると示しています。

21 為説　為めに説く。相手に言うこと。**22 欄階**　欄干や階段。**23 露柱**　円い柱。**24 料理**　ものごとをうまく処理すること。ここでは道理をきちんと理解すること。**25 辺表**　ほとり。ここでは水に対する固定観念をいうか。**26 透脱**　透り脱けること。脱却すること。

水一滴の中にも無量の世界がある

この巻に「一滴の中にも無量の仏国土現成なり」（四〇二頁）という説示があります。一滴の水の中にも無量（無限・多量）の仏の国があるというのです。

私たちの肉体の中に住む微生物は、私たちの身体を住処とし、私たちの身体を世界としています。同様に、私たちが住むこの地球は、太陽系の中にあり、太陽系は銀河系の中にあり、大宇宙が広がっています。その大宇宙も、何か大きな存在のほんの一部かも知れない、などと思ったりもします。

翻って、水の中に「有情世界」[27]つまり〝いのち〟や〝こころ〟を持ったものの世界があると言います。

> 世界に水あり、といふのみにあらず、水界に世界あり。水中の、かくのごとくあるのみにあらず、雲中にも有情世界あり、風中にも有情世界あり、火中にも有情世界あり、地中にも有情世界あり、法界（ほっかい）中にも有情世界あり、一茎草（いっきょうそう）中にも有情世界あり、一拄杖（いちしゅじょう）中にも有情世界あり。有情世界あるがごときは、そのところ、かならず仏祖世界あり。かくのごとくの道理、よくよく参学すべし。（四〇七頁）

〈世界に水がある、というだけではない、水の世界にも世界がある。水の中がこのようであるだけではない。雲の中にも有情世界（衆生の世界）があり、風の中にも有情世界があり、火の中にも有情世界があり、地中にも有情世界があり、法界の中にも有情世界があり、一本の草の中にも有情世界があり、一本の杖の中にも有情世界がある。有情世界があるところには、必ず仏祖世界がある。このような道理をよくよく学ぶべきである。〉

有情とは、いのち（生命）あるものであり、心（こころ）を有するものの意味です。水や雲や風や火や土の中にも、そして一本の草の中にも、一本の杖の中にも有情世界があり、そして、有情のいる世界には必ず仏がいるというのです。

つまり、あらゆるものに〝いのち〟があり、あらゆるものに心があるということなのですが、そのことをよくよく考えなさい、というのです。

この道元の教えを私たちはどのように受け止めたらよいのでしょうか。

私たちは、この身体を「体」（肉体）と「心」（精神）とに分けて考えますが、「体」

27 有情　命や心を持ったもの。衆生。生きとし生けるもの。

と「心」のはたらきは、そもそも分けられないものであるといえます。

たとえば、私たちがものを見て、何であるのかを認識して、分別（好きだとか嫌いだとか、綺麗とか汚いとか、善いとか悪いとか）の心をおこします。

目でものを見るのは「体」のはたらきであり、それを認識して分別するのは「心」のはたらきといえますが、いったいどこまでが「体」（物質）のはたらきで、どこからが「心」（精神）のはたらきかを分けることは出来ないと私は思うのです。「体」と「心」は一体のもの、区別できないものと言えます。有機物（生命）と無機物（非生命）の区別もそうですが、水や空気や鉱物といった無機物の中に、ミクロの生命[28]が存在しており、現代科学においても、有機物と無機物の境を説明できないといわれます。われわれ人間とその他の動物との違い、動物と植物との違い、植物と鉱物との違いについて、確かに異なってはいても、反面、明確に区別することはできないところもあるというのです。

また、約二〇〇〇年の間、地中に埋もれていた古代の蓮（大賀ハス[29]）の実が、発芽し開花したという話があります。約二〇〇〇年の間、全く変化することなく地中に埋もれていたハスの実にも、命が宿っていたのでしょうか。このようなことも、道元が教えるように「よくよく参学すべし」です。

山は山、水は水

最後に、禅のさとりの境界を表した「見山只是山、見水只是水」（山を見るに只だ是れ山、水を見るに只だ是水）という言葉についてお話しします。「山水経」の巻の末尾の部分です。

古仏いはく、[30]山是山、水是水。

28 ミクロの生命　人の目には見えない微小な生物を「微生物」と総称する。海（深海を含む）、河川、土中、大気中（成層圏を含む）、動植物の表面などあらゆる場所に生息する。中には、高酸性、高濃塩、高温、高圧など過酷な環境に適応しているものもおり、鉄や硫黄など無機物を利用してエネルギーを作り出すものもいる。その存在は人間をはじめ、あらゆる生物と深く関係している。**29 大賀ハス**　一九五一年、植物学者・大賀一郎により千葉県千葉市検見川の東大農学部厚生農場（当時）の泥炭層より三粒のハスの実が発見された。年代測定の結果、二千年前の古蓮と推定され、このうち二粒が生育、翌年開花に成功した。五四年、千葉県の天然記念物となり、発見者の名をとって大賀ハスと呼ばれる。九三年、千葉市の花に制定。**30 古仏いはく**　雲門文偃（うんもんぶんえん）（唐末の禅僧・雲門宗の祖、八六四〜九四九）の語録（『雲門録』上）に「天是天地是地、山是山水是水、僧是僧俗是俗」とある。

この道取は、山是山、といふにあらず、山是山、といふなり。しかあれば、山を参究[31]すべし。山を参究すれば、山に功夫[32]なり。かくのごとくの山水、おのづから賢をなし、聖（しょう）をなすなり。（四〇八頁）

〈古仏が言っている「山は山、水は水」と。
この言葉は「山は山」と言うのではない、「山は山」と言うのである。そういうことであるから、山を参究しなさい。山を参究すれば、山に功夫である。このような山や水が、おのずと賢（者）を成し、聖（人）を成すのである。〉

「山是山、といふにあらず、山是山、といふなり」とは、実に不可解です。同じ言葉を否定し、その直後に同じ言葉を肯定しています。また、「山を参究すれば、山に功夫なり」という言葉も難解です。

まず、「山是山、といふにあらず、山是山、といふなり」が何を示しているのかについては、中国宋代の禅僧、青原惟信（せいげんゆいしん）[33]の次の言葉を参考にすべきだと思います。

上堂[34]曰、老僧[35]三十年前、未参禅時、見山是山、見水是水。及至後来、親見知識[36]有箇入処[37]、見山不是山、見水不是水。而今得箇休歇処[38]、依前、見山只是山、見水只是水。大衆、這三般見解、是同是別。有人緇素[39]得出、許汝、親見[40]老僧。

（『嘉泰普燈録』[41]巻第六、吉州（江西省）青原惟信禅師章）

上堂に曰く、「老僧三十年前、未だ参禅せざる時、山を見るに是れ山、水を見るに是れ水。後来親しく知識に見(まみ)え箇の入処(にゅっしょ)あるに至るに及び、山を見るに是れ山にあらず、水を見るに是れ水にあらず。而今(にこん)、箇の休歇(きゅうけつ)なる処を得るに、前に依りて、山を見るに只だ是れ山、水を見るに只だ是れ水。大衆、這(こ)の三般の見解、

31 参究　参入究尽の意。そのものの中に、参入し（とび入り）究め尽くすこと。**32 功夫**　参究と同意。また修行の意。第8章注38参照。**33 青原惟信**（生没年不詳）臨済宗黄竜派の僧。晦堂祖心(まいどうそしん)（一〇二五～一一〇〇）の法嗣。吉州（江西省）青原山に住した。**34 上堂**　法堂に上って説法すること。**35 老僧**　老年の僧侶のこと。ここでは自称。**36 知識**　指導者。人の師範となるべき人。正法を説いて人を正しく導く師。善知識とも。**37 入処**　悟りの境に入ること。
38 休歇　やすむこと。悟りの境界も忘れてしまった境界。大安心のところに安住すること。
39 緇素　緇は黒、素は白。黒衣（僧衣）と白衣（俗人の衣）、転じて僧侶と俗人を言うが、ここでは、同じか別か黒白をつけること。**40 親見**　親密に出会うこと。転じて、仏法を確かに受け嗣ぐこと。**41 『嘉泰普燈録』**『景徳伝燈録』（第1章参照）をはじめとする「五燈」と呼ばれる禅宗史書の一つ。三十巻。南宋の雷庵正受（一一四六～一二〇八、雲門宗）の編纂。一二〇四年に成立。それまでの禅宗史書を増補し、王公、居士など出家者以外のエピソードも収録する。

是れ同か、是れ別か。人有りて緇素（しそ）を出し得ば、汝に許さん、親しく老僧に見（まみ）ゆ」と。

〈上堂に言われた、「私は三十年前、まだ禅に参じていなかった時、山を山と見、水を水と見ていた。後に、親しく禅の師匠に出会って指導を受け、いささか悟境（悟りの境地）に入ることができたときには、山を山と見ず、水を水と見ることがなくなった。そして今、悟境も忘れてしまった境界においては、以前のように、山を只だ山と見、水を只だ水と見ている。諸君、この三つの見解は、同じだろうか、違うだろうか。誰かもし白黒をつけられる者がいれば、私と親しく出会ったと認めよう」と。〉

先ほどの道元の「山是山、といふにあらず、山是山、といふなり」という不可解な言葉について見ておきましょう。前段の「山是山」というのは、青原の三十年前の、第一の段階、通常のいわゆる凡人が見る山や水であり、後段の「山是山」とは、悟境に入り、さらにそれをも忘れてしまった第三の段階での賢人・聖人が見る「山只是山」「水只是水」ということになるのではないかと思われます。

それでは、山や水を通常の山や水と見ない第二の段階とは、山を参究して「山が歩く」ことを知る段階と言えるのではないでしょうか。その「知る」ことに「功夫」（修行）が伴ったとき、第三の段階へと、私たちは導かれるのではないかと思います。「山を参究すれば、山に功夫なり」という難解な言葉は、山を参究して、山を究めた者は、おのずと山に入って功夫（修行）して、山と一体になる――それが賢人であり、聖人であると道元は言うのでしょう。そこでは、無条件に、山はただありのままの山となり、水はただありのままの水と受け取られるのです。

本章では、「山が歩く」と題して、「山水経」の巻を学びました。山や水は、大自然の代表として取り上げたものと思われますが、自然に対する道元の見方がここに示され、自然とともに生きる道元の生き方が、少しばかり理解できたような気がします。

山が歩くということは、山が山らしくあるということになるのでしょうか。山が不動であることが、山が歩くということになるのでしょうか。そうだとすると、私も、私が歩くということはどういうことかに気づいて、歩くことをしなければならないと思います。

私が歩くということは、僧侶である私にとっては「修行する」ということであるように思われます。山が歩くことをほんとうに知るためには、私も歩かなければなりません。

この「山水経」の巻を学んで、結局は、ますます修行しなければならないと、叱咤激励されたような気がいたします。

読者の皆さんにとっては、「歩く」ということはいったいどういうことなのでしょうか。

これを機会に、ぜひ参究してみていただきたいと思います。

第十一章　作法これ宗旨——「洗浄」の巻

本章のタイトルの「作法これ宗旨」というのは、道元が『正法眼蔵』「洗浄」の巻で示している言葉です。「作法」とは、礼儀作法などのように、ものごとを行う正しい方法のことを言います。仏教の行持[1]にも様々な作法があります。「宗旨」とは、通常、〝宗派〟のことや、〝宗派の教義の趣旨〟のことを指しますが、ここでは〝根本的に大切なこと〟〝重要なこと〟という意味となります。よって「作法これ宗旨」とは、作法が重要であるということです。

道元は、おそらく鎌倉仏教の祖師たち[2]の中でも、最も作法を重視した方であると言えます。『正法眼蔵』だけでも作法に関わる巻は、「洗面」や「洗浄」の巻をはじめ

1 **行持**　「行い」を「持つ（たもつ）」と書く「行持」は通常の「行事」とは違い、仏としての修行を持続していくことを言う。『正法眼蔵』に仏祖の修行の様子を示した「行持」の巻がある。

「坐禅儀」「看経」「伝衣」「陀羅尼」「安居」「受戒」「袈裟功徳」「重雲堂式」「示庫院文」など、そのほか多くの巻に作法に関わる説示があります。ほかの著作においては、『普勧坐禅儀』『典座教訓』『辨道法』『赴粥飯法』『衆寮箴規』『対大己五夏闍梨法』などに、作法や規則が書かれています。

本章では、このように道元が、修行における威儀・作法を非常に重視していたことを紹介し、さらにその作法の具体的な内容について「洗浄」の巻を中心に見てゆきます。

それでは「作法これ宗旨」という本章のタイトルが示された、次の『正法眼蔵』「洗浄」の巻の一節を挙げてみましょう。

作法これ宗旨なり、得道これ作法なり

大比丘三千威儀経[3]云、浄身者、洗大小便、剪十指爪。

しかあれば、身心これ不染汚なれども、浄身の法あり、浄心の法あり。ただ身心をきよむるのみにあらず、国土樹下[4]をもきよむるなり。国土いまだかつて塵穢あらざれども、きよむるは、諸仏之所護念なり。仏果にいたりてなほ退せず、廃

せざるなり。その宗旨[5]、はかりつくすべきことかたし。作法これ宗旨なり、得道これ作法なり。（七一七頁）

〈『大比丘三千威儀経』に言っている、「身体を浄めるというのは、大小便を洗い、十指の爪を剪るのである」と。

このように、身心は汚れていないけれども、身体を浄める作法があり、心を浄める作法がある。ただ身体や心を浄めるだけではない、全世界をも浄めるのである。世界は未だかつて塵に汚れていないけれども、それを浄めるのは、諸の仏たちが大切に念ってきたことである。仏になっても怠らず、やめないので

2 鎌倉仏教の祖師たち　鎌倉仏教は、平安時代末期から鎌倉時代にかけて成立した浄土系三宗（浄土宗・浄土真宗・時宗）と禅系二宗（臨済宗・曹洞宗）と日蓮宗。その祖師は、浄土宗の法然（源空、一一三三～一二一二）、浄土真宗の親鸞（一一七三～一二六二）、時宗（遊行宗）の一遍（一二三九～一二八九）、臨済宗の栄西（一一四一～一二一五）、曹洞宗の道元（一二〇〇～一二五三）、日蓮宗（法華宗）の日蓮（一二二二～一二八二）。**3 大比丘三千威儀経**　大比丘威儀経・三千威儀経とも。中国、秦代に訳されたものと推測されるが訳者不明。比丘が行うべき作法・所作、心得などを説いたもの。**4 国土樹下**　全世界のこと。**5 宗旨**　通常は〝宗派〟や〝宗派の教義の趣旨〟をいう。単に〝教え〟を言う場合もある。ここでは、根本的に大切なこと、重要なことの意。

ある。その宗旨は、計り尽くすことが難しい。作法が重要であり、道（仏法）を得るとは正しく作法を行うことである。〉

『三千威儀経』という古いお経に、身体を清潔にする作法が説かれ、排泄（はいせつ）の時の洗浄の作法や、爪を切ることなどが示されています。そこで道元は、私たちが身心を浄めるのは、私たちの身心が汚れているからではなく、それが仏祖の行われてきた道であるから浄めるのである、と言うのです。そしてこの浄めるということは、自分だけでなく、全世界を浄めることであり、〝塵や汚れはないけれども〟浄める、と言うのです。加えて、その作法が重要であり、仏法を会得することは作法を会得することにほかならない、と示しています。

ところで、道元は何故それほど作法を重視したのでしょうか。それは、威儀・作法に仏のあり方が現れるのであり、それ以外に仏祖の道はないという深い道理があるからです。しかし、その道理がほんとうによくわかるためには、相応の修行の年期が必要であるといえます。

知識においても実践においても、まだ学びが浅く、仏教とは何か、仏教の生き方とはどのような生き方なのかを、よくわかっていない初心者にとって、まずは指導者に従って、初めは真似でもよいから、とにかく実践する、その道理がわからなくても、とにかく実践する——ということが大切です。だからこそ正しい指導者に従わなければならないということになります。正しい指導者はその道理をきちんと知っているので、それを信頼して、その指導に従って実践していれば、いずれ自分も、その道理がわかるようになる、実践の意義や理由がわかるようになる——そしてそれがわかったとき、ああこれでよかったのだと確信するのです。

かりに、そのように確信する時が訪れなかったとしても、つまり自分で自覚がもてなくても、その人はまさに仏の道をきちんと修行していた、きちんと歩んでいたということになるのです。

私は修行時代に、ある偉大な指導者から、「とにかく指導に従って修行しなさい。最初は真似でいい」と言われました。仏さまの教えの通り行うことは、仏さまの真似をすることであり、真似をするということは仏さまと同じであるということです。「一日、仏さまの真似をすれば、一日仏さま。一ヶ月仏さまの真似をすれば、一ヶ月仏さま。一年仏さまの真似をすれば、一年仏さま」とも言われました。そしてそれがたとえ真似であっても、一生真似をし続けることができれば、もう真似ではなくなって、ほんとうの仏さまになるのだと。

ですから作法というものがとても重要であるということになります。まず、作法から入るのが、仏の道、禅の道であると言えるのです。

合掌礼拝作法

ところで道元は、宋（中国）に渡る前、修行時代から礼儀作法を大切にしていたことが、当時の文献の中から知られます。それは『教誡儀鈔』[6]にある「法師、常々合掌は仏法房[7]の如くなる可しと仰せられたり」という言葉です。法師とは、道元の入宋前の師でもあった京都泉涌寺[8]の俊芿[9]のことで、仏法房とは道元のことです。俊芿は常日頃、「合掌は仏法房（道元）のようにしなさい」と仰っていました。つまり、道元の合掌する作法は、戒律や威儀作法を重視していた高僧である俊芿に褒められ、みなが手本とすべきほどにきちんとしていたというのです。

その合掌の仕方というのは、『赴粥飯法』[10]に次のように具体的に示されています。

入堂之法、擎合掌於面前而入。合掌指頭当対鼻端。頭低指頭低、頭直指頭直。頭若少斜、指頭亦少斜。其腕莫教近於胸襟、其臂莫教築於脇下。

（入堂の法は、合掌を面前に擎げて入る。合掌は指頭まさに鼻端に対すべし。頭低るれば指頭も低る、頭直ければ指頭も直し。頭若し少しく斜めなれば、指頭も亦た少しく斜めなり。其の腕、胸襟に近づかしむること莫れ、其の臂、脇下に築かしむること莫れ。

（『赴粥飯法』、春秋社、『原文対照現代語訳　道元禅師全集』第十五巻、四八頁）

〈入堂の作法は、合掌を顔の前にかかげて入る。合掌は指の頭（先）を鼻の端

6『教誡儀鈔』　南山道宣『教誡新学比丘行護律儀』の註釈書。その中の「入寺法第一」にある。金沢文庫蔵。**7 仏法房**　道元が比叡山での修行時代に呼ばれていた房号とされる。**8 泉涌寺**　京都市東山区にある真言宗泉涌寺派の総本山。はじめ法輪寺、次いで仙遊寺と改称したが、一二一八年、宇都宮信房が俊芿を招き伽藍を再興、泉涌寺と改称した。台・密・禅・律の四宗兼学の道場とされ、俊芿が宋で学んだ律儀（北京律（ほっきょうりつ）と呼ばれる）を宣揚した。豊臣秀吉、徳川家康からも保護を受け、歴代天皇の葬儀も多く行われた。泉涌寺派とは、真言宗（空海開祖）の派閥の一名。真言宗は平安末期に、その教義の違いによって高野山や京都の東寺を中心とする古義真言と、根来を中心とした新義真言とに分かれた。泉涌寺派は八派ある古義真言の一派であったが、明治になって独立した派閥となった。**9 俊芿**　（一一六六〜一二二七）鎌倉時代前期の僧。十八歳で出家し、宋（中国）に渡って天台・真言・律を学ぶ。帰国後、栄西が京都建仁寺に招く。当時の禅師らとも交流があり、道元も入宋前に師事したとされる。真言宗泉涌寺派の祖。戒律を重視した。**10『赴粥飯法』**　粥（朝食）や飯（中食）を食べるために僧堂（食堂）に赴く時の作法を詳細に説いた文献。この部分は堂に入るときの合掌低頭の作法を示したものであるが、先の『教誡儀鈔』に見られる作法とは若干異なっている。

（先）にもっていくのである。頭を下げるときは指先も下がる、頭を戻す（上げる）ときは指先も戻る（上がる）のである。頭が少し斜めになれば、指先もまた少し斜めになるのである。その腕は、胸に近づけてはいけない、臂は脇の下につけてはいけない。〉

すべてにおいて道元は、比叡山での修行時代から、きちんと作法を実践していたのではないかと思われます。きちんと合掌をし、きちんと頭を下げる、この基本的な作法が、ほかの修行者の模範となっていたというのです。

さらに入宋参学を通じて、「作法これ宗旨なり」（作法が重要である）という道理が会得され、「得道これ作法なり」（道を得るということは、作法をきちんと行うことである）ということが実証されたのでしょう。

その具体的な作法の実践について、身体を浄らかにする作法を中心に以下、「洗浄」の巻の説示を紹介します。

爪を切り、髪を剃りなさい

十指の爪をきるべし。十指といふは、左右の両手の指のつめなり、足指（そくし）の爪おなじくきるべし。

　経にいはく、つめのながさ、もし一麦[11]ばかりになれば、罪をうるなり。

　しかあれば、爪をながくすべからず。爪のながきは、おのずから外道[12]の先蹤なり、ことさらつめをきるべし。しかあるに、いま大宋国の僧家のなかに、参学眼そなはらざるともがら、おほく爪をながからしむ。あるいは一寸・両寸、および三・四寸にながきもあり。これ非法なり、仏法の身心にあらず。（中略）

　あるひは長髪ならしむるともがらあり、これも非法なり。大国の僧家の所作なりとして、正法ならん、とあやまることなかれ。先師古仏[13]、ふかくいましめのことばを、天下の僧家の長髪・長爪のともがらにたもふにいはく、（中略）

　しるべし、長髪は仏祖のいましむるところ、長爪は外道の所行なり。仏祖の児孫[14]、これらの非法をこのむべからず。身心をきよからしむべし、剪爪・剃髪すべきなり。

（七一八～七二〇頁）

11 一麦　一粒の麦。ここでは麦の粒一個くらいの長さ。三ミリほどか。**12 外道**　仏教以外の道、教え。仏教以外の教えを信奉する人々。**13 先師古仏**　先師は、なくなった師匠の呼称。古仏は尊称。道元の師、如浄のこと。**14 仏祖の児孫**　仏祖（釈尊と歴代祖師たち）の流れをくむ者。

〈十指の爪を切りなさい。十指というのは、左右の両手の指の爪である、足の指の爪も同様に切りなさい。

経に言っている、「爪の長さが、もし麦一粒くらいの長さに伸びると、罪となる」と。

そうであるから、爪を長くしてはいけない。爪が長いのは、そもそも外道の先例である、つとめて爪を切りなさい。そうであるのに、いま大いなる宋の国の僧侶の中で、仏法を学ぶ眼を持っていない者たちは、多くの者が爪を長くしている。ある者は一寸・両寸、また三・四寸に長い者もいる。これは非法である、仏法の身心ではない。（中略）

あるいは長髪にしている者もいる、これも非法である。大国の僧侶の所作であるからといって、「正しい教えであろう」と誤って考えてはいけない。先師古仏は、深く戒めの言葉を、天下の僧侶の中の長髪・長爪の者たちに向かって言っている、（中略）

知りなさい、長髪は仏祖が戒めるところであり、長爪は外道の所作である。仏祖の児孫は、これらの非法を好んではいけない。身心を浄らかにしなさい、爪を切り、髪を剃りなさい。〉

爪を切るということ、髪を剃るということが、僧侶のあり方であることが説かれています。しかし、道元が中国、宋の国に渡った当時、僧侶の中にも、爪を長くしている者や、髪を伸ばしている者がいたようです。道元の師の如浄は、それを批判し、戒めています。道元はその如浄の教えをしっかりと受け継いでいると言えます。

爪も髪も、私たちの身体の一部であり、大切な役割をもっているのですが、爪は、伸びすぎれば不衛生でもあり危険でもあり、長髪も、道元が伝えた仏法においては、非法としております。

廁での用便の作法

「洗浄」の巻の大部分は、トイレでの用便の作法、手洗いの方法などが説かれています。

集団生活における、大小便の処理は、いつの時代でも、どこの地域でも、切実な課題であったことでしょう。現代の日本においては下水道が整備され、汚水の処理も行われておりますが、鎌倉時代の修行道場では、排泄物の処理はやっかいな問題でした。しかし、「洗浄」の巻の記述からは、京都の興聖寺でも、越前の永平寺でも、それなりの処理が行われていたように推測されます。

用便の後の手洗いについても、水だけでなく、灰や皀莢[15]を用いた手洗い方法について細かく記されております。当時はもちろん水道はなく、水は貴重であり、限られた水を用いて、しかも綺麗に手を洗う方法が実に詳細に示されています。

当時においては、環境にも配慮し、手の清潔を保とうとした、最高レベルの洗浄法であったと言えます。

ここでは、その中でも、トイレでの用便の作法について、お話ししてみましょう。

> 廁内にいたりて、左手にて門扇を掩す。つぎに、浄桶[16]の水をすこしばかり槽裏に瀉す。つぎに、浄桶を当面の浄桶位に安ず。つぎに、たちながら槽[17]にむかひて弾指三下[18]すべし。弾指のとき、左手は拳にして、左腰につけてもつなり。つぎに、袴口[19]・衣角[20]をさめて、門にむかひて両足に槽唇[21]の両辺をふみて、蹲居[22]し屙す。[23]両辺をけがすことなかれ、前後にそましむることなかれ。このあひだ、黙然なるべし。隔壁と語笑し、声をあげて吟詠することなかれ。涕唾[24]狼藉[25]なることなかれ、怒気[26]卒暴[27]なることなかれ、壁面に字をかくべからず、廁籌[28]をもて地面を劃することなかれ。
>
> （七二三〜七二四頁）

〈廁の中に入ったら、左手で扉を閉じる。次に、浄桶の水を少しばかり槽（便器）の中に流す。次に、浄桶を正面の浄桶を置く場所に置く。次に、立ちながら槽に向かい〈右手で〉指を三回鳴らす。そのとき、左手は拳にして、左腰に付ける。次に、袴のすそと着物のすそが下につかないように収めて、扉のほうに向かって両足で槽の左右のふちを踏んで、しゃがんで用を足す。槽の両側を汚さないようにしなさい、前後も飛び散らして汚さないようにしなさい。用を

15 皂莢　マメ科の落葉高木。果実にサポニンを含み洗濯や解毒にも用いた。皂莢の実を粉にしたものを、手洗いに用いた。「洗面」の巻では、口（唇）や歯を洗うのにも用いていることが知られる。　**16 浄桶**　水を入れる小さな桶。　**17 槽**　便器。　**18 弾指三下**　弾指「たんじ・だんし」を三回すること。弾指とは、指を弾くことで軽く握った中指の上に人差し指を曲げて置き、親指で人差し指を強く押さえながら人差し指を弾き伸ばして指を鳴らす作法。この動作は、警覚・許諾・警告・去穢などを表す。廁での作法では、扉の前で、中にいる人に知らせるために三回弾指し、槽を使用する前後に三回弾指する。汚れているから浄めるのではなく、自らの心を浄め、全世界を浄める。　**19 袴口**　袴のすそ。　**20 衣角**　袴の上に着ている着物のすそ。　**21 槽唇**　便器の左右の縁。　**22 蹲居**　しゃがむこと。　**23 屙す**　用便をすること。　**24 涕唾**　鼻水と唾。　**25 狼藉**　乱雑で散乱したさま。ここでは、涕唾を飛び散らすこと。　**26 怒気**　力み声を出すこと。　**27 卒暴**　あわてて乱暴に振る舞うこと。　**28 廁籌**　竹べら。長さ八寸くらい、親指ほどの太さで三角のもの。紙の代わりに使用する。インドの風習といわれるが、中国僧の間で使われた。紙を用いることもあったようであるが、故紙や字を書いた紙を用いてはいけないとしている。

足す間は、黙ってしなさい。壁を隔てた隣の人と談笑したり、声を上げて歌ったりしてはいけない。鼻水や唾を飛び散らしたりしていはいけない、力み声を出したり乱暴に振る舞ったりしてはいけない、壁面に落書きをしてはいけないし、竹べらで地面に絵を画（えが）いたりしてはいけない。〉

この部分だけでなく、ほかにも大小便の処理やトイレを洗浄する方法や、手洗いの仕方が細かく示されており、トイレや身心を出来るだけ清潔に保つための作法が定められているのです。もちろん当時は、水洗トイレや温水洗浄便座のようなものはなかったわけですが、このような高水準のトイレでの洗浄の作法があったことは驚くべきことです。日本で温水洗浄便座が普及し始めたのは四十年ほど前と思われますが、鎌倉時代、永平寺では、お尻も水で洗っていたのです。

また、この説示の中では、トイレで談笑したり歌をうたったり、落書きしたりしてはいけないと戒めています。修行僧の中にもそのようなことをする者がいたのかもしれません。だからこそこのような注意事項を細かく書き記しているのでしょう。今も昔もあまり変わりがないのでしょうか、面白いですね。

洗面の作法

次に『正法眼蔵』「洗面」の巻から、洗面の仕方と、当時の歯の磨き方を学んでみましょう。

両手に面桶[29]の湯を掬して、額より両眉毛・両目・鼻孔・耳中・顱[30]・頬、あまねくあらふ。まづ、よくよく湯をすくひかけて、しかうしてのち摩沐すべし。涕唾・鼻涕を面桶の湯におとしいるることなかれ。かくのごとくあらふとき、湯を無度につひやして、面桶のほかにもらし、おとし、ちらして、はやくうしなふことなかれ。あかおち、あぶらのぞかうりぬるまで、あらふなり。耳裏あらふべし、著水不得[31]なるがゆゑに。眼裏あらふべし、著沙不得[31]なるがゆゑに。あるひは頭髪・頂𩕄[32]までもあらふ、すなはち威儀[33]なり。洗面、をはりて、面桶の湯をすててのちも、三弾指すべし。

（六七〇頁）

29 面桶　洗面桶。顔を洗う水桶。**30 顱**　頭のこと。**31 著水不得・著沙不得**　〈耳の中に〉水を入れてはいけない・〈眼の中に〉沙（砂）を入れてはいけない。白水本仁（生没年不詳、洞山良价の法嗣）の語。**32 頂𩕄**　頭のてっぺん。**33 威儀**　作法。作法に叶った振る舞い。

〈両手に洗面桶の湯をすくって、額から両眉毛・両目・鼻・耳・頭・頰と、すべてを洗う。まず、よくよくお湯をすくい掛けて、そののち摩り洗いなさい。唾や鼻水を洗面桶の中に落とし入れないようにしなさい。このようにして洗うとき、お湯を必要以上に使って、洗面桶の外に漏らし、落とし、散らして、早く水を失ってしまうことがないように。垢が落ち、油を取り除くまで、洗いなさい。耳の中も洗いなさい、耳には水が入ってはいけないから〈水が入らないように洗いなさい〉。眼の中も洗いなさい、眼には沙（砂）が入ってはいけないから〈砂が入らないように洗いなさい〉。頭髪や頭のてっぺんまでも洗いなさい、これが作法である。洗面が終わったら、洗面桶の湯を捨てたあと、三回弾指しなさい。〉

このように顔の洗い方を事細かに示しています。桶に半分ほどのお湯を入れて、そのお湯だけで、目や鼻や耳や頭まで、綺麗に洗うのです。洗う順番や、その作法も決まっています。ちなみに現代の修行道場には、もちろん水道はありますが、水を出しっぱなしにして顔を洗うことはしません。桶に半分ほどの水やお湯だけで、頭部のすべてを洗い、それ以上は決して使わず、水を大切にしています。

歯を磨きなさい

次に、歯の磨き方も示されています。鎌倉時代も歯を磨いていたのです。道元は歯を磨くとき「楊枝（ようじ）」を用いました。楊枝といっても、現在私たちが使用している〝爪楊枝〟とは違います。〝房楊枝〟です。それが当時の歯ブラシです。長さは四指（約九cm）から十六指（約三十六cm）、太さは小指の太さか、それより細い楊（よう）柳（りゅう）の枝でした。この枝の太い方の端をよく噛（か）んで繊維状にして房のようにしたのが〝房楊枝〟です。この楊枝で歯をこすって洗ったり、舌を刮（こそ）げたりしたのです。

口内衛生に配慮されていたことが、次に述べられています。

よくかみて、はのうへ、はのうら、みがくがごとく、とぎ・あらふべし。たびたびとぎ・みがき、あらひ・すすぐべし。はのもとのしし[34]のうへ、よくみがき・あらふべし。はのあひだ、よくかきそろへ、きよくあらふべし。漱口（そうこう）[35]たびたびすれ

34 はのもとのしし　歯の元の肉。歯茎。〝しし〟は肉のこと。**35 漱口**　水を含んで口の中を漱（すす）ぐこと。

ば、すすぎきよめらる。しかうしてのち、したをこそぐべし。（六六四頁）

〈よく楊枝の先を噛んで房のようにして、そこで歯の上、歯の裏を磨くように、こすって洗いなさい。何度もこすり磨き、洗い、すすぎなさい。歯の元のしし（肉）の上を、よく磨き洗いなさい。歯の間を、よく掻いて、綺麗に洗いなさい。たびたび口を漱げば、すすぎ浄められる。そののち、舌を刮ぎなさい。〉

このように、歯の上や裏、そして歯の付け根の歯茎まで、よく磨き、洗うことの重要さが述べられています。

ところで、歯を磨くための楊枝については、古いお経に書かれており、仏教には古くから歯磨きの習慣[36]があったようですが、道元が中国に渡った当時の宋の国では、この習慣は廃れてしまっていたようです。そして、同じく「洗面」の巻の中に「大宋国いま楊枝たえてみえず（大宋の国では今、楊枝は全くみられない）」（六六七頁）とあり、「天下の出家・在家、ともにその口気（口から出る息）、はなはだくさし。二三尺をへだててものいふとき、口臭きたる、かぐものたへがたし」（六六八頁）という記述も見られます。歯を磨くという点では、当時、中国人よりも、日本人の方がきちんと行っていたのですね。

食事の作法

さて、最後に、食事の作法について、先にもふれた『赴粥飯法』という道元の著作からも学んでみましょう。ここには、食事の時の心得が詳細に示されています。

凡そ飯食を喫せんに、上下[37]、太だ急に太だ緩にならしむること莫れ。（中略）頭を抓いて風屑[38]をして鉢盂[39]及び鐼子[40]の中に堕さしむることを得ざれ。当に手を護し

36 歯磨きの習慣　仏教徒の歯磨きは、古くより律蔵（経律論の三蔵の一つで、仏教教団における生活規範などの戒律を記したもの）に記されている。釈尊は歯磨きによって、①口臭がなくなる②味覚がよくなる③口中の熱を除く④痰を除く⑤目が良くなる、という五つの功徳があるとした。釈尊には、医学の知識もあったとされ、医王とも称される。また信者に名医と言われる耆婆がいた。その知恵が戒律にも生かされているとされる。また経論の中には、仏が備えている三十二のすぐれた身体的特徴が挙げられているが、四十歯相、歯斉相、牙白相の三つはいずれも、歯が美しく揃っていて白く清浄なさまをいう。**37 上下**　①上間と下間。正面から見て僧堂（坐禅・睡眠・食事などを行う修行僧の修行の中心となる道場）の右側を上間、左側を下間という。②上肩と下肩。上肩は左肩、下肩は右肩のことで、自分の左右の人。いずれにしても、片方が早かったり片方が遅かったりしないよう、皆が同じ速さで食べなければならないことをいう。

て浄かるべし。身を揺り膝を捉え、踞坐(こざ)[41]し欠伸(けっしん)[42]し、及び鼻を摘みて声を作すことを得ざれ。如し嚔噴(ていふん)[43]せんと欲(ほっ)せば、当(まさ)に鼻を掩(おお)うべし。如し牙(は)を挑(くじ)らんと欲せば、須らく当に口を掩うべし。（中略）大いに口を張り匙(さじ)に満てて食を抄(すく)い、遺落(いらく)せしめ、鉢の中および匙の上に、狼藉[44]なることを得ざれ。仏の言く、応に予め其の口を張って食を待つべからず。食を含んで言語することを得ざれと。（中略）仏の言く、食時、舌を弾(な)らして食せざれ。喉を哢(な)らして食せざれ。気を熱食に吹いて食せざれ。気を冷食に呵(は)いて食せざれ。応当(まさ)に学すべしと。

（『赴粥飯法』、春秋社、『原文対照現代語訳 道元禅師全集』第十五巻「清規・戒法・嗣書」七三～七五頁、原漢文。一部筆者が改変した）

〈食事をするときは、食堂の片方が早かったり片方が遅かったりしないように食べなければならない。（中略）頭をかいてフケを鉢盂や鎮子の中に落とすようなことがあってはいけない。手は清潔に保っていなければならない。からだを動かし、膝をかかえ、膝を立てたり、あくびをしたり、鼻をつまんで音を立てたりしてはいけない。もし、くしゃみが出そうになったら鼻を覆いなさい。もし、歯に詰まった物を取り除こうとするときには、口を覆いなさい。（中略）口を大きく開けて匙いっぱいに食べ物をすくって口に入れて、鉢の中や匙の上に落として、散らかしてはいけない。仏は「あらかじめ口を大きく開いて食べ物を待ってはならない。食べ物を口に含んだまま話をしてはならない」と言っている。（中略）仏は「食事中に舌打ちをしながら食べてはならない。喉を鳴らして食べてはならない。熱い食べ物に息を吹きかけて冷まして食べてはならない。冷たい食べ物に息を吹きかけて温めて食べてはならない。これらのことを学びなさい」と言っている。〉

また道元が教える食事作法では、応量器（食器）の扱い方も詳細に示されています。そして修行道場では現在も、その作法に従って、食事が行われています。また、食べ方の注意事項も右のとおりです。一般の人も、気をつけなければならない心得であると思われます。

38 風屑　ふけ（頭垢）。**39 鉢盂**　僧侶の食器。応量器ともいう。大小いくつかの食器を重ね合わせたものの中で、最も大きい食器（頭鉢（ずはつ））をいう。食器すべてを言う場合もある。**40 鐼子**　頭鉢の中に重ねて入れられた四つほどの食器のこと。**41 踞坐**　膝を立てて坐る。立て膝。**42 欠伸**　あくび。**43 嚏噴**　くしゃみ。**44 狼藉**　乱雑で散乱したさま。（本章注25にも）ここでは、食べ物を飛び散らすこと。

さて、本章では、道元が、作法を重んじたことをお話しし、その具体例を紹介しました。道元の時代の修行生活において、最も多くの時間行われていたのは、やはり坐禅であったと思われますが、当然のことながら、睡眠も、洗面も、食事も、排泄も、作務も行われていたのです。道元にとってこれらの行為は、すべて仏としての行為でしたから、その作法は、仏教の古式にもとづき行われなければならないことでした。ゆえに、これらの作法について、実に事細かに定められていたのです。そこで、洗浄作法、洗面作法、食事作法などについて、その一端をお話ししました。

道元はなぜ、これほどまでに作法を重んじたのでしょうか。それは私たちのこの身体を〝凡夫〟としてではなく〝仏〟として用いることの重要性を悟ったからであり、一つひとつの行いを、仏の教えに則(のっと)って、大切に、真剣に行う、それこそが修行であり、悟りであり、仏道であると確信したからにほかならないのです。

第十二章　修行者の四つの実践
——「菩提薩埵四摂法」の巻

最終章では、主として『正法眼蔵』「菩提薩埵四摂法」の巻を取り上げて、修行者の四つの実践についてお話しいたします。

仏教においては、やはり実践こそが大切です。そこで、四つの重要な実践のお話しをして、本書を締めくくりたいと思います。

さて、実践には「自利」——自分に利益をもたらす実践と、「利他」——ほかの人々に利益を与える実践があります。そしてこの両者は一体であり、「利他」が「自利」となるというのが道元の教えです。そして「利他」の実践行が、この「菩提薩埵四摂法」（以下、「四摂法」と略す）なのです。

現在、日本に存在するほとんどの宗派の元となっているのが、紀元前後に成立した大乗仏教ですが、この大乗仏教の基本的理念が「利他」であり、「自未得度先度他」であると言っても過言ではないと私は思っております。

そこでまず、「自未得度先度他」とは何かについて、「発菩提心」の巻からお話ししておきます。

「自未得度先度他」ということ

菩提心をおこすといふは、おのれいまだわたらざるさきに、一切衆生をわたさんと発願し、いとなむなり。　（九七八頁）

〈菩提心をおこすというのは、自分がいまだ彼岸（川の向こうの悟りの岸・理想の世界）へ渡る前に、一切の人々を彼岸に渡そうという願いをおこし、実践するのである。〉

菩提心の「菩提」とは「悟り」という意味ですから、菩提心とは、〝悟りの心〟ということになります。悟りの心をおこすとは、自分が彼岸に渡る前に、一切の人々を彼岸に渡そうという願いをおこし、実践することであり、自分は二の次だというのです。これが道元のお心です。

「おのれいまだわたらざるさきに、一切衆生をわたさん」とは、『大般涅槃経（だいはつねはんぎょう）』[1]に見られる「自未得度先度他」という言葉を意訳したものです。そして、さらに次のように「発菩提心」の巻で示されています。

おほよそ菩提心は、いかがして一切衆生をして菩提心をおこさしめ、仏道に引導せましと、ひまなく三業（さんごう）[2]にいとなむなり。いたづらに世間の欲楽（よくらく）をあたふるを、利益（りやく）衆生とするにはあらず。　（九七九頁）

〈だいたい、菩提心というのは、どのようにして一切衆生に菩提心をおこさせ、仏の道に導こうかと、常に身体と言葉と心で実践するのである。むやみに世間的な欲望を叶えてあげるのが、衆生に利益を与えることではない。〉

菩提心とは、どのような心でしょうか。道元は一切衆生（生きとし生ける者）に菩

1　**『大般涅槃経』**　略して『涅槃経』。大乗経典の一つ。釈尊の入滅前後の様子を述べたもの。この経の中に「発心畢竟二無別、如是二心先心難。自未得度先度他、是故我礼初発心。初発已為天人師、勝出声聞及縁覚。如是発心過三界、是故得名最無上」と「自未得度先度他」の語が見られる。道元は「発菩提心」の巻で、この語を取り上げ称えている。　**2**　**三業**　三つの業（行為）。三つとは、身業（身体による行為＝行うこと）と口業（言葉による行為＝語ること）と意業（心による行為＝思考すること）。

提心（＝自未得度先度他の心）をおこさせ、仏の道に導き入れようと、あらゆる手を尽くして実践することであるというのです。ここが、道元の独特な教えです。

どのようにしたらこの心を一切衆生にもってもらい、どうやってそういう心をおこさせ仏の道に入ってもらおうかと、常に三業（身業・口業・意業）を実践するのです。行動で示し（身業）、言葉で説き（口業）、そして心に強く願う（意業）のです。常にそれらを実践していくのです。

むやみに、世俗的な欲望を満たしてあげることは、衆生を利益するということではないというのです。

繰り返しますが、相手に利益を与えるということはどういうことか。相手の欲求を満たしてあげることではなく、相手に〝悟りの心〟〝自未得度先度他の心〟をおこしてもらうことである——ここが重要なところです。

金品を与えたりするのではなく、何か相手の願いを叶えてあげるということでもなく、その人に、「自未得度先度他」という、仏や菩薩と同じ心を持ってもらうこと、それがほんとうにその人を救うことになる、大きな利益を与えることになるというのです。この道元の説示は、しっかりと心に留めておかなければなりません。

そして、衆生は無限に存在するので、すべての衆生を彼岸に渡し尽くすということはあり得ないのです。ですから、生きている限りその実践が続くのです。それがまさに、菩薩の修行なのです。

道元は、まさに菩薩であり、この菩薩こそ、実は仏にほかならないともいえます。

「菩提薩埵四摂法」とは

さて、その菩薩の実践が「四摂法」です。「自未得度先度他」の実践もその中に含まれます。「四摂法」について、『正法眼蔵』「菩提薩埵四摂法」[4]の巻を学んでみましょう。

この巻の冒頭で道元は四つの実践を挙げています。それが「四摂法」です。

3 彼岸　此岸（この世に対する言葉。衆生が生む現実の苦しみの世界を海にたとえて「苦海」ともいい、生死・煩悩の苦しみの河、ないし海を渡って到達する理想・悟りの境地。日本では春分と秋分の時期に行われる仏教行事を「彼岸会」という。**4 菩提薩埵四摂法**　『大乗義章』十一に「四摂と言ふは、化他行也。化行不同、一門に四を説く。四の名、是れ何ぞ。一布施摂、二愛語摂、三利行摂、四同事摂」とある。「摂」は〝治める〟〝接する〟〝取り入れる〟の意。『大乗義章』は、中国・隋の浄影寺慧遠の主著で仏教用語の解説書。

一者、布施[5]。二者、愛語[6]。三者、利行[7]。四者、同事[8]。　（一一七一頁）

「四摂法」とは、菩薩が衆生を済度する[9]にあたって、衆生を摂する[10]四種の法です。「菩提薩埵」とは、「菩薩」の正式な名称で、「菩提薩埵」を略したのが「菩薩」です。この菩薩に、四つの実践があります。法施・財施をもって摂する「布施」、親愛の語をもって摂する「愛語」、三業の善行をもって衆生を利益して摂する「利行」、形をかえて衆生に近づき衆生と事業を同じうして摂する「同事」です。

ところで「菩薩」とは、修行者のことです。仏の道において修行の段階にある者をいいます。いろいろな修行がありますが、菩薩が先ず実践すべき修行が、この「四摂法」であると言えます。いま挙げた「布施」「愛語」「利行」「同事」という四つの実践について、以下、道元の解説から学んで参ります。

布施――むさぼらない

その布施といふは、不貪なり。不貪といふは、むさぼらざるなり。むさぼらずといふは、よのなかにいふ、へつらはざるなり[11]。たとひ四洲[12]を統領すれども、正道の教化をほどこすには、かならず不貪なるのみなり。たとへば、すつるたからを、しらぬ人にほどこさんがごとし。遠山のはなを、如来に供じ、前生のたからを、衆生にほどこさん、法におきても、物におきても、面面に布施に相応する功徳を本具せり。我物にあらざれども、布施をさへざる道理あり。そのもののかろきをきらはず、その功の実なるべきなり。（一一七二頁）

〈その布施というのは「不貪」である。「不貪」というのは、貪らないのである。むさぼらないというのは、世の中で言う、諂わないことである。たとえ衆生が住む全世界を治めたとしても、正しい仏の道を布教するには、かならず〝貪らない〟という布施の心がただ大切なのである。たとえば、捨てる宝を、知らな

5 布施　他人に金品や有益な教えを与えること。**6 愛語**　親愛の心を起こして慈しみの言葉をかけること。**7 利行**　他人に利益を与える行いのこと。利他。**8 同事**　相手の立場に同化して慈悲行を実践すること。**9 済度**　漢語としては「川を渡る」の意味。漢訳仏典において「度」は「渡」の意が多い。仏や大乗の菩薩が苦海（苦しみの世界）にある衆生を救い出して彼岸（悟りの世界）へ導くこと。**10 摂する**　集めあわせる。ひいて「収める」の意。取り入れて自分のものとする。**11 へつらはざるなり**　相手のご機嫌をとるようなことをしないこと。「へつらふ（諂う）」は、相手の気に入るように振る舞うこと。**12 四洲**　四大洲のこと。インド古代の世界観で、須弥山を取り囲む海の四方にある四つの洲（南瞻部洲・東勝身洲・西牛貨洲・北倶盧洲）のことで、衆生が住む全世界をいう。われわれ人間の世界は南瞻部洲にあたる。

い人に施すようなものである。遠くの山の花を、如来に供養し、前生の宝を、衆生に施すとき、法施においても、財施においても、それぞれに布施にふさわしい功徳を本来もっているのである。私の物でなくても、布施を妨げない道理がある。その物の世間的な価値が小さいことを嫌うことなく、その行為が実（まこと）であることを思うべきである。〉

布施といえば、一般的には、僧侶に施し与える金銭、お経をあげてもらったお礼に差し上げるお金のことと思われています。それも確かに布施の一種ですが、布施というのは、お経のお礼のお金に限らず、他人に金品を〝施し与える〟ことを言います。

また、この布施には、大きく分けると二種類あります。「財施」と「法施」です。「財施」とは、〝財を施す〟つまり金品を与えること、「法施」とは、〝法を施す〟つまり教えを説くことです。これに「無畏施（むいせ）」（畏（おそ）れ無きを施す。恐怖やさまざまな不安を取り除いてあげること）を加えることもあります。今風にいえば、「財施」とは金品を差し上げること、「法施」とは情報を提供すること、「無畏施」とは安心を与えることと言えましょうか。また、「無財（むざい）の七施（しちせ）[13]」もあります。

これらのことを布施というのですが、道元の場合は少々違っており、「布施といふは不貪なり」と解説しています。布施というのは〝貪らない〟ことであり〝諂わない〟ことであるというのです。

いま、布施に三種類あると述べましたが、この中でも「財施」が最もよく行われます。この「財施」について言いますと、金品を持っていなければ布施が出来ないことになります。財物を所有していない者あるいは他に金品を施す余裕のない者は、そもそも布施行（布施という行為）ができないことになります。ところが道元の「布施といふは不貪なり」「むさぼらざるなり」という説示は、財物を所有していない者も〝貪らない〟つまり〝過剰にほしがらない〟ということにおいて、布施を行ずることができるとするものです。単に物を施すことだけが布施であるのではなく、自分自身が物を貪らないことが布施になり、財物を十分に所有しない人でも布施行はできることになります。確かに、自分が貪らない（過剰に所有しない）ことで、その分、物がほかに行き渡り、間接的に自分以外の人に物を分け与えることになります。貧富を問わず誰にでもできる布施、これが道元が説く布施であると言えます。これはとても有り難いことです。

13　無財の七施　財産（金品）がなくてもできる七つの布施。眼施（やさしいまなざし）・和顔悦色施（和やかな面持ち）・言辞施（親しみを込めた挨拶）・身施（奉仕活動）・心施（思いやりの心）・床座施（座席を譲る）・房舎施（宿を提供する）のこと。

また、道元は「むさぼらずといふは、よのなかにいふ、へつらはざるなり」と示しています。私たちは何かを得たいと欲が起こるとき、他人に諂うことがあります。相手に気に入られるように振る舞うことがあります。そして心にもないことを言って「不妄語戒」（嘘をついてはいけないという戒め）を犯してしまったり、賄賂を送り贈賄罪を犯すこともあります。

「八大人覚」の巻の「少欲」の段に、「少欲之人、則無諂曲以求人意」（少欲の人は、即ち諂曲して以て人の意を求むること無し（一〇九三頁））とあり、少欲の人は諂曲（自分の意を曲げて諂うこと）して相手の気に入るようにすることはない、とあります。布施を行ずる人は貪らない人であり、貪らない人は少欲の人であり、諂うこともないのです。道元が説く布施には、一般的に言われる布施にとどまらず、〝貪らない〟〝へつらわない〟ということが含まれていることは、特徴的なことであると思われます。

また、布施について「すつるたからを、しらぬ人にほどこさんがごとし」と示しています。直訳すれば〝捨てる宝を知らない人に施すようなものである〟ということになりますが、そのまま理解しようとすれば不可解です。しかし、この〝捨てる宝を知らない人に施す〟を逆に考えれば、〝大切な宝を知っている人に施す〟となります。その場合、さまざまな執着[14]が起こる可能性があります。

布施の原則は「三輪空寂」であり、施者・施物・受者ともに執着がないのが布施のまことのあり方であるとされます。大切な宝であれば当然執着し、それを施す相手が知人であれば、お礼の言葉を期待し、見返りを期待することにもなります。「すつるたから」とは、おそらく執着を離れた施物という意であり、「しらぬ人にほどこさん」とは受者（布施した相手）に対する執着を離れる（見返りを期待しない）ことを示したものであろうと思います。それを一句で「すつるたからを、しらぬ人にほどこさんがごとし」と表現したことは、まさに道元の巧みな言語表現ですね。

「遠山のはなを、如来に供じ、前生のたからを、衆生にほどこさん」という一句も難解です。何か典拠があるのかも知れませんが、「遠山のはな」とは布施を空間的な面から見たものであり、「前生のたから」とは布施を時間的な面から見たものであると考えられ、それを「如来」あるいは「衆生」に施すというのです。『正法眼蔵』にはこのような表現がよく見られ、時間的・空間的な面から、主観的（自）・客観的（他）な面、大小、多少など、さまざまな面や、さまざまな角度から、満遍なく、周到に、仏法を表現するのです。

14 三輪空寂　三輪とは、施者・施物・受者をいい、これら三つが空寂（とらわれない）であることをいう。施者（布施を施す者）は布施をした事に執着せずこれを忘れ、施物（施した物）にも執着せず、受者（布施を受ける者）も布施を受けても媚び諂うことがないことをいう。

遠くの山の花を如来に供養し、前生の宝を衆生に施すとは、いったい何を言っているのでしょうか。これまでも学んできたように、道元の言葉は、その言葉の意味はわかっても、その内容を理解することが難しいことがよくあります。私はこんなふうに解釈してみました。「遠山のはな」は苦労して摘んできた貴重な花であり、「前生のたから」も前生より永いあいだ大事にしてきた大切な宝でしょうから、これを他人に施すことは、執着があればできるものではありません。この執着を離れた、見返りを求めない布施に、大きな功徳があると道元は言っているのであろうと思います。

また、「我物にあらざれども、布施をさへざる道理あり」というのは、直訳すれば〝私の物でないけれども、布施を妨げない道理がある〟となります。これは、自分が誰かに布施をしなくても、ほかの人が布施をしたことを見たり聞いたりしたときに、自分のこととして随喜（ずいき）[15]することができれば、それも布施の実践であるということです。

あるいは、次のような解釈もできるかも知れません。「我物にあらざれども」とは、あらゆる物は本来私の所有物ではないということです。私が所有する土地で耕作した穀物や野菜などは、私の物でしょうか。それは大自然の命であり、大自然からの恵みであって、私の所有物ではないとも言えます。そして私自身も我物（わがもの）ではありません。一切の大自然の一部で有り、自分の身体であっても自分の思い通りにはなりません。

存在は、誰の所有物でもない、というのが仏教の基本であるとも言えます。
布施をすると言っても、私の物を他人に与えるのではなく、本来私の物でも他人の物でも、誰の物でもないものを布施するのです。本来私の物でも他の物でも、誰の物でもないけれども布施が出来るのであり、布施をすべきなのであり、その布施という行為に功徳があるのです。

「そのもののかろきをきらはず、その功の実なるべきなり」という句も重要です。この「かろき」とは、いわゆる世間一般における価値の軽さを言っているのでしょうが、そうであるからといって、布施の〝功徳〟に軽い、重いがあるのではなく、その布施の心、布施をする行為こそ大切だと言うのでしょう。

愛語――慈愛の言葉を施す

愛語といふは、衆生をみるに、まづ慈愛[16]の心をおこし、顧愛[17]（こあい）の言語（ごんご）をほどこすなり。おほよそ、暴悪の言語なきなり。（中略）慈念（じねん）衆生、猶如赤子[18]（ゆうにょしゃくし）のおもひをた

15 随喜　他人の善行を見て、その行いを称え喜ぶこと。　**16 慈愛**　いつくしみ、愛すること。
17 顧愛　いとおしみ、大切に思うこと。

くはえて言語するは、愛語なり。（中略）現在の身命の存せらんあひだ、このんで愛語すべし、世世生生[19]にも、不退転[20]ならん。怨敵[21]を降伏[22]し、君子[23]を和睦ならしむること、愛語を根本とするなり。むかひて愛語をきくは、おもてをよろこばしめ、こころをたのしくす。むかはずして愛語をきくは[24]、肝に銘じ、魂に銘ず。

（一一七三〜一一七四頁）

〈愛語というのは、衆生に対し、先ず慈しみ愛する心をおこし、いとおしむ言葉を施すのである。まったく、暴悪の言葉はないのである。（中略）赤子を大切に思うように、衆生を大切にする思いを持って言葉をかけるのが、愛語である。（中略）この世で命のある間に、好んで愛語をかけるべきであり、生まれ変わっても、永遠にやめてはいけない。怨みを抱いた敵を屈服させ、君子の心を和ませることも、愛語を根本とするのである。面と向かって愛語を聞くと、顔がほころんで喜び、心が楽しくなる。間接的に愛語を聞くと、肝に銘じ、魂に銘ずるものである。〉

愛語についてはまず「愛語といふは、衆生をみるに、まづ慈愛の心をおこし、顧愛の言語をほどこすなり。おほよそ、暴悪の言語なきなり」とあります。はじめに慈愛の心をおこし、そしてその心の自然の発動として顧愛の言葉を施すのです。慈しみの心を起こして、気にとめ、目にかけて、言葉を発するのです。赤子を優しく大切に抱くように、相手のことを大切に思って、親愛の言葉をかけるのです。

また、「怨敵を降伏し、君子を和睦ならしむること、愛語を根本とするなり」とあるように、愛語は相手の心を変える大きな力を持った言葉でもあります。怨みを抱いた敵をも屈服させ、君子の心を和ませることもできます。絶大な権力をもつ秦の始皇帝の心を、機嫌を損なわせず、臣下が言葉巧みに和ませ改心させた話も『正法眼蔵随聞記』に見られます。

そしてこの愛語とは、面と向かって語りかける言葉だけではありません。「むかはずして愛語をきくは、肝に銘じ、魂に銘ず」とあるように、「むかはずして」すなわち間接的に人伝（ひとづて）に聞く愛語は直接聞く愛語より一層心にしみるものです。なるほど、

18 慈念衆生、猶如赤子　「衆生を慈しみ念うこと、猶（な）お赤子にするが如し。」（『法華経』「提婆達多品」の語）赤子を大切に念うように、衆生を大切にすること。**19 世世生生**　世を変え生を変えても。生まれ変わっても永遠に。**20 不退転**　決して後退することがないこと。決してやめないこと。**21 怨敵**　怨みのある敵。残忍非道な敵。**22 降伏**　屈服させること。**23 君子**　①高い身分の人。②人格が立派な人。ここでは①の意で官位ある人。**24 むかはずして愛語をきく**　面と向かってではなく人づてに愛語を聞くこと。人は面と向かうと相手にお上手を言うことがあるが、陰で言う褒め言葉は本心で言うことが多いので、なおさら心に浸みることをいう。

人は面と向かってはお上手を言うことがありますが、本人がいないところで人々が批評する言葉は真実味があります。間接的に褒め言葉を聞きますと、ほんとうに嬉しくなります。愛語を語る場合、あるいは聞く場合、心に留めて置かなければならない一節です。

利行――他人に利益を与える行い

利行(りぎょう)といふは、貴賤(きせん)[25]の衆生におきて、利益(りやく)の善巧(ぜんぎょう)[26]をめぐらすなり。たとへば、遠近(おんごん)の前途(ぜんと)[27]をまもりて、利他[28]の方便をいとなむ。窮亀(きゅうき)[29]をあはれみ、病雀(びょうじゃく)[30]をやしなふべし。窮亀をみ、病雀をみしとき、かれが報謝をもとめず、ただひとへに、利行にもよほさるるなり。

愚人(ぐにん)おもはくは、利他をさきとせば、みずからが利、はぶかれぬべしと。しかにはあらざるなり。利行は一法なり、あまねく自他を利するなり。むかしの人、ひとたび沐浴(もくよく)するに、[31]みたびかみをゆひ、ひとたび飡食(さんじき)するに、みたびはきいだせしは、ひとへに他を利せしこころなり。ひとのくにの民なれば、[32]をしへざらんとにはあらざりき。

しかあれば、怨親(おんしん)[33]ひとしく利すべし、自他おなじく利するなり。もし、このこ

25 貴賤　貴は有位の人。賤は位のない人。すべての人をいう。**26 善巧**　①上手に、たくみに。習熟していることをさす。②善巧方便の略。機根に応じた好適な手だてをめぐらすこと。ここでは②の意。**27 遠近の前途をまもりて**　「前途」は将来のこと。「まもりて」は、見つめる意。遠い未来と近い将来をよく見つめて、という意。**28 利他**　他人を利益すること。他人に功徳利益を施し、さらに衆生を救済すること。以下、底本の「侘」を「他」としている。**29 窮亀**　亀が報恩した故事（『蒙求』下・孔愉放亀）による。晋の時代、孔愉という人がいた。ある時、余不亭というところで、籠に入れられた亀を助けて（買い取って）江河に放してあげた。亀は嬉しそうに孔愉の方を振り返り振り返り泳いでいった。後に孔愉はてがらを立てて藩主となった。そして亀のつまみのついた職印を作らせると、その亀の首が、何度作り直させても左向きになってしまう。孔愉は、「あの余不亭で助けた亀とそっくりだ。自分の出世は、あの亀の恩返しであったのだ」と感じた、という故事。**30 病雀**　病雀不忘恩の故事（『蒙求』中・楊宝黄雀）による。後漢の楊宝という人が、九歳の時、傷つき衰弱していた一羽の雀（黄雀）を助け、籠に入れて養った。ケガが治って元気になると、たくさんの雀が集まってきてその雀を連れて行った。その夜、楊宝は夢を見た。黄色の衣を身にまとった童子（助けた雀の化身）が現れておじぎをし、白い環（腕飾り）を四つ差し出して、「あなたの子孫はみな立派な人となって大臣の位に昇られるでしょう」と言った。そのような夢であった。果たして楊宝の子孫は四代続けて高官に就いた、という故事。ちなみに『蒙求』は中国の類書。唐の李瀚著。三巻。古代から南北朝までの故事を多く書籍から選んで四字句で表し、五百九十六句を載せる。また似た内容のものを二句で一対とした。『蒙求』の孔愉放亀とは四百二十七句目の故事。次句の「張顥堕鵲」と対になっており、どちらも小動物と印鑑にまつわる話。『蒙求』の「楊宝黄雀」とは、二百六十一句目の故事。次句の「毛宝白亀」と対になっており、どちらも動物報恩の説話。

ころをうれば、草木・風水にも、利行の、おのれづから不退不転なる道理、まさに利行せらるるなり。ひとへに愚をすくはんと、いとなむべし。

（一一七四〜一一七五頁）

〈利行というのは、すべての人に対して、利益を与える手立てをめぐらすのである。たとえば、遠い未来と近い将来をよく見つめて、他人に利益を与える手立てを実践するのである。窮亀（窮地にあった亀）を不便に思って助け、病雀（傷つき衰弱した雀）を助けて養うのである。窮亀を見、病雀を見たとき、彼らからの報謝（恩返し）を求めず、ただひとえに、助けずにはおられなかったのである。

愚かな者は、他人に利益を与えることを優先すると、自分の利益は減ってしまうと思う。そうではないのである。利行には自他の区別はないのであり、自分にも他人にも共に利益があるのである。昔の人は、一度入浴する間に三度、髪を結い直し、一度食事をする間に三度、口に入れたものを吐き出して、直ぐに客人に対応したのであるが、これはひとえに他人に利益を与えるためである。他国の人だからといって、教えないことはなかったのである。

そうであるから、恨みある者でも親しい者でも平等に利益を与えるのであり、自分と他人と同じく利益を与えるのである。もしこの心を得たならば、人間だけでなく草木や風水に対しても、利行が、ひとりでに退かず怠らず絶え間なく行われていく道理が現れて、まさに自然と、利行が行われていくのである。ひたすら愚かな者を救おうと、実践するのである。〉

ここに示されているように、「利行」とは「利他行」です。それは「利他の方便を

31 **むかしの人、ひとたび沐浴するに**　周公（周公旦）の故事。周公旦は、中国の周代の政治家。文王の第四子で、初代武王の同母弟である。兄の武王の補佐を務め、さらに武王の死後は甥の成王を補佐し（成王が年少であった為、成王に代わって摂政を務め、成王の成人後、国権をかえし）建国直後の周を安定させ、周王朝の基礎を築いた。孔子は周公を治世家の理想像として仰ぎ、儒家たちから聖人と仰がれた。この話は、「是に於て卒に成王に相たり。而して其の子伯禽をして代つて魯に封じ就かしむ。周公、伯禽を戒めて曰く、我れは文王之子、武王之弟、成王之叔父なり。我れ天下に於て亦た賤しからず。然も我れ一沐三捉（握）髪、一飯三吐哺、（一沐に三たび髪をとり、一飯に三たび哺を吐く）、以て士を待てり。猶ほ天下之賢人を失はんことを恐るればなり。」（『史記』魯周公世家）〈……私は、人が訪れれば沐浴の途中、三回でも髪を結い直して面会し、食事の途中、三回でも食事を中断して（一旦口に入れたものをはき出して）面会し、礼を疎かにしないように努めたが、それでも天下の賢人を逃しはしないかと気がかりであった〉という故事による。

32 **ひとのくにの民なれば**　いざという時（他国と戦争になった時）、敵となるかも知れない他国の人のためにでも教えを垂れて智慧を授けること。

33 **怨親**　自分を害する者と自分を愛してくれる者。怨みある者と親しい者。

いとなむ」あるいは「利他をさきとせば」「ひとへに他を利せし」の語から知ることができます。しかし、「利行は一法なり」「自他おなじく利するなり」とあるように、その利他行がそのまま自利行（自分に利益のある行い）であることを示しています。とはいえ利他行がそのまま自利行であるからといって、決して自利のために利他を行うのではなく、「ただひとへに、利行にもよほさるるなり」「ひとへに他を利せしころなり」「ひとへに愚をすくはんと、いとなむべし」とあるように、ひたすら利他行を行うのです。

その対象は「貴賤の衆生におきて」「怨親ひとしく」とあるように空間的にすべての衆生に向けられるのであり、「遠近の前途をまもりて」「不退不転なる」とあるように、時間的に永遠にわたり永続的に行われるのです。そして、衆生は人間だけではなく、「窮亀をあはれみ、病雀をやしなふべし」とあるように、雀や亀などの動物にも向けられるのであり、それらの衆生だけでなく、「草木・風水」とあるように草木などの植物も、風水などの自然も、利行の対象となるのです。

道元の説示は実に綿密で、この一段落の中に、利行の空間・時間・対象などが、また利行のあり方が、あらゆる面にわたって、種々の故事を踏まえて不足なく説かれています。まさに見事な説示です。

そして利行のあり方について『正法眼蔵随聞記』巻四に懇切丁寧な訓戒が見られま

すので私訳（意訳）をここでは紹介しておきます。

他人のために善いことを行って、他人から善いと思われ、悦ばれようと思ってすることは、悪いことをするのに比べれば勝っているが、これは所詮自分のために行っていることであって、相手のためにほんとうに善いことをしているのではない。その相手には知られなくても、その人のためになるようにとか、未来のためとか、誰のためとか思わずに、ただ善いことをしておこうとするのを、真に人のために善いこと、というのである。まして僧侶は、これに超たる心を持つべきである。衆生を思うことに、親しいとか親しくないとかを分け隔てせず、平等に済度の心を持ち、世間的にも出世間的にも決して自らの利益を求めずに、人知れず、悦ばれずとも、ただ善いことを心に思って、そのような心を持っていることも他人に知られないのがよいのである。

他人のために善いことを行う場合、相手に善い人だと思われようと思って行うことは、悪事を行うことに比べれば勝れていますが、所詮自分が善く思われようと思って行っているのであって、本当に善いことを行っているのではないと、戒めています。手厳しいお示しです。誰のためとか未来のためとかいうことも思わずに、ただ善いことを行う、それが真の善行であると言われます。そして僧侶はそれを超えた心を持たなければならないとも戒めます。一切の衆生に対して、親しい人にも、親しくない人にも、分け隔てなく、助けようという心を持ち、人に知られず、悦ばれることがなくても、ただ善いことを心に思って、それを実践する。そして、そのような心を持っていることも他人に知られないのがよいというのです。まさにこれが利行の究極のあり方でしょう。このように徹底した、吾我を離れた利他行、それが道元の「四摂法」の根底にあるのです。

同事——自他一如

同事といふは、不違なり。自にも不違なり、他にも不違なり。たとへば、人間の如来は、人間に同ぜるがごとし。人界に同ずるをもてしりぬ、同余界なるべし。同事をしるとき、自他一如なり。　（一一七五頁）

〈同事というのは、不違（違わないこと）である。自にも不違であり、他にも不違である。たとえば、人間の如来は、人間と同じ姿をしているようなものである。如来が人間界に同化していることから知ることができる、ほかの世界でも

同じであると。同事を知るとき、自他一如である。〉

同事とは「同事といふは、不違なり」「同事をしるとき、自他一如なり」とあるように自他不違、自他一如を言います。そのあり方は、たとえば〝人間世界での如来は人間の姿をしているようなものである〟というのです。如来は人間世界では人間の姿をしているのであり、同様に余界（ほかの世界）では余界の姿をしているはずであると示しています。すなわち如来は、天上界では天人の姿をしており、動物の世界では動物の姿をしているのであり、さらに細かく言えば、犬の世界では犬の姿をしており、猫の世界では猫の姿をしている、それが同事ということであるというのです。「人間の如来」というのは人間の姿をした如来ということであり、如来（仏陀・釈尊）は、仮に人間の姿を現して、私たち人間界の人間と和合しているということになります。如来は人間界において特別な姿を現しているのではなく、人間と同じであるわけです。

しかし人間の姿をしていても、如来はやはり如来であって、真理に目覚めた人です。普通の人間ではありません。「不違」（違わない）という言葉には〝まったく同じではない〟というような意味合いが含まれていると思います。如来が全く人間と同様であるならば、煩悩・欲望にまみれた人間も如来であることになり、それは誤りです。人間界で人間の姿をしながらも、如来は如来でなければなりません。それでは、その同化のあり方とは、どのようなことを言うのか、注目すべきは次の説示です。

他をして自に同ぜしめて、のちに自をして他に同ぜしむる道理あるべし。自他は、ときにしたがふて無窮（むぐう）[34]なり。　（一一七五～一一七六頁）

〈他を自分に同化させて、その後に自分を他に同化させる道理がある。自他は、時に従って窮まるところがない。〉

私はこの言葉に永いあいだ疑問を持ってきました。「他をして自に同ぜしめて」、（他を自分と同化させて）、「のちに自をして他を同ぜしむる」（その後、自分を他と同化させる）、とはいったいどういうことなのか。

通常は、順序がその逆なのです。「自をして他に同ぜしめて」、つまり自分を他に同化させて、「のちに、他をして自を同ぜしむる」、その後、他を自分と同化させるのです。それを仏教では「和光同塵（わこうどうじん）」あるいは「拖泥帯水（たでいたいすい）」と言っています。

「和光同塵」とは、〃光を和らげて俗塵に同ずる〃という意味で、具体的には、仏（如来）が衆生の境遇に同化して衆生に近づき、そして救済教化につとめることを言います。「拖泥帯水」とは、体中が泥水だらけで汚れることであり、仏があえて自らの体を汚して、衆生に近づき、衆生と同化しながら衆生を救うことを言います。

これら「和光同塵」や「拖泥帯水」という言葉は、仏の側から言えば、やはり〝自をして他に同ぜしめて、のちに他をして自に同ぜしむる〟ということになります。しかし、道元の言葉は、自と他が逆になっているのです。

道元の言葉においても、主語はやはり仏であって、仏が「他をして自に同ぜしめてのちに自をして他に同ぜしむる」ということになります。通常、仏教で言う「和光同塵」や「拖泥帯水」とは、あきらかに違うのです。しかし私は、この説示こそ、実は道元の仏法の核心とも言える特徴を表していると捉えています。

この説示を私たちの側から見ますと、私たちが仏の世界に飛び込んでいくことになります。仏がこちらに来てくれるのではなく、私たちの方から仏の世界に入って行くのです。仏が私たちを自らの世界に導き入れてくれるのです。

『正法眼蔵』「生死」の巻に、

34 **無窮**　きわまるところがないこと。自他一如、自分と仏が一如となった仏道修行が永遠に続いていくことをいう。

ただ、わが身をも心をも、はなちわすれて、仏のいへになげいれて、仏のかたよりおこなはれて、これにしたがひゆくとき、ちからをもいれず、こころをもつひやさずして、生死をはなれ、仏となる。　（一一九五頁）

とあります。仏が私たちのところに現れて救ってくれるのを待つのではなく、私たちが思いきって、仏の世界に自分の身心を投げ入れていくのです。

それを仏の側から言ったとき、まさに「他をして自に同ぜしめ」ることになり、「仏のかたよりおこなはれて」ということになります。

道元の仏法の重要な教えは、「仏法に任せる」ということです。吾我（エゴ）を離れ、善知識（指導者）に従って、自分の身心を仏法に任せていくのです。自ら仏の世界に飛び込んでいくことを強調すれば、いわゆる「自力」ということになりますし、自らを仏に任せ、仏法に任せることを強調すれば「他力」ということになります。道元の教えは、そのどちらか一方ではなく、どちらでもあると言えます。

「自他は、ときにしたがふて無窮なり」とは、自他一如、自分と仏が一如となった仏道修行が永遠に続いていくことを言います。修行には、窮まるところがありません。生涯続いていくのです。

そして、この「菩提薩埵四摂法」の巻の最後に道元は、「この四摂おのおの四摂を具足せるがゆゑに、十六摂なるべし」（二一七七頁）とまとめています。「布施」「愛語」「利行」「同事」はそれぞれ密接に関連するものであり、切り離すことができないものであることを言っています。愛語も利行も同事も、いわゆる「布施」であり、「愛語」は布施であり利行であり同事であり、そして、布施も愛語も同事も「利行」と言えるのであり、「同事」であるからこそ布施や愛語や利行が行えるのです。

これら四つは一体なのです。

さて、全十二章にわたり、道元の『正法眼蔵』を学んできました。その最後に、修行者の実践である「四摂法」について解説しました。それは、やはり仏教においては実践が大切であるからです。

『正法眼蔵』を、このように知的に、知識として学ぶことは大切です。学んでこそ、正しい教えがわかり、何を実践したらよいのか、どのように実践したらよいのかがわかります。しかし、学んでも、それを実践しなければ意味がありません。もちろん、学ぶことも実践の一つですが、その学んだことを、ぜひ日常生活に生かしていただければと思います。それこそがまさしく、『正法眼蔵』をよむ、ということになるのであろうと思います。

おわりに

鎌倉時代の禅僧、道元の『正法眼蔵』を読んでまいりました。この難解な著作の理解に苦しんだ方も多いと思います。

「存在が時間である」、「全世界は心である」、「夢こそ現実である」、「山が歩く」、これらの常識とは異なった言葉は、情識（凡人の凝り固まった先入観や分別の心）では理解することが難しいのかもしれません。ただし、常識とは異なるとはいえ、これらは道元独自の教えではなく、道元が「正伝の仏法」（釈尊の正統的な教えと確信する仏法）を道元なりに、私たちにわかるように説き明かしたもので、実に親切な解説であると、私は受け取っています。

ずっと、わからないかもしれません。きっと、わからなくてもいいのです。

私の参学の師匠も「そう簡単にわかってたまるか」と言っていましたし、四十年以上読んできた私自身も、まだよくわからない部分があります。私は一生『正法眼蔵』参究です。それが私の修行であり、一生続くと思います。〝わかった〟という実感がないと、なんとも〝張り合いがない〟のですが、師匠は〝張り合いがないのが仏法だ〟とも言っていました。とにかく、ただ淡々と、読み続けて行けばよいと思っています。

でも、わからなくても、とにかくあきらめないで親しんでいると、ある時、わからなかった部分がわかるようになることがあります。そして、わかってみると、〝なんだ、そうだったのか、あたりまえのことだった〟と思うことがあります。

多くの方に、この『正法眼蔵』に親しんでいただきたいと思います。

合掌

令和三年七夕の日に記す

角田泰隆

【参考文献】

河村孝道・角田泰隆編　本山版訂補『正法眼蔵』（二〇一九年、大本山永平寺、大法輪閣）

酒井得元・鏡島元隆・桜井秀雄　監修『道元禅師全集』全七巻（一九八八～一九九三年、春秋社）

『新版　禅学大辞典』（一九八五年第一刷、二〇二〇年第十刷、大修館書店）

原文対照現代語訳『道元禅師全集』全十七巻（一九九九～二〇一三年、春秋社）

角田泰隆『禅のすすめ――道元のことば』（二〇〇三年、日本放送出版協会。二〇一八年、角川ソフィア文庫）

角田泰隆『ZEN　道元の生き方――「正法眼蔵随聞記」から』（二〇〇九年、日本放送出版協会、二〇二三年、角川ソフィア文庫）

角田泰隆『道元禅師の思想的研究』（二〇一五年、春秋社）

中村元・紀野一義訳注『般若心経・金剛般若経』（一九六〇年、岩波文庫）

高崎直道「道元の仏性論」（講座道元Ⅳ『道元思想の特徴』、一九八〇年、春秋社）

鏡島元隆『道元禅師の引用経典・語録の研究』（一九六五年、木耳社）

〔傍注参考〕

山折哲雄『仏教用語の基礎知識』（二〇〇〇年、角川選書）
東隆眞『道元小事典』（一九八二年、春秋社）
角田泰隆監修「別冊太陽　日本のこころ『道元』」（二〇一二年、平凡社）
蓑輪顕量編『事典　日本の仏教』（二〇一四年、吉川弘文館）
『仏教辞典』（第二版五刷、岩波書店）
『総合佛教大辞典』（二〇〇五年、法藏館）
『角川新版日本史辞典』（一九九六年、角川書店）
三枝充悳『インド仏教思想史』（二〇一三年、講談社学術文庫）
長谷川正康『歯の風俗誌』（一九九三年、時空出版）
『広辞苑』第三版（岩波書店）
『コンサイス日本人名事典』（第四版、三省堂）
『コンサイス外国人名事典』（第三版、三省堂）
早川光三郎『新釈漢文大系　58・59　蒙求　上・下』（一九七三年、明治書院）
吉田賢抗『新釈漢文大系　85　史記五（世家上）』（一九七七年、明治書院）

『世界大百科事典』（二〇〇七年、平凡社）
『小事典・微生物の手帖』エコ・ミクロ編（一九八八年、講談社ブルーバックス）
千葉市ホームページ「大賀ハス何でも情報館」

本書は、NHK出版より刊行された『NHK宗教の時間　道元『正法眼蔵』を読む』（上／二〇二一年三月二五日、下／二〇二一年九月二七日）を再編集、改題のうえ文庫化したものです。

道元(どうげん)『正法眼蔵(しょうぼうげんぞう)』を読(よ)む

角田泰隆(つのだたいりゅう)

令和6年 1月25日　初版発行

発行者●山下直久

発行●株式会社KADOKAWA
〒102-8177　東京都千代田区富士見2-13-3
電話　0570-002-301（ナビダイヤル）

角川文庫 24009

印刷所●株式会社暁印刷
製本所●本間製本株式会社

表紙画●和田三造

ISBN 978-4-04-400809-3　C0115

◇◇◇